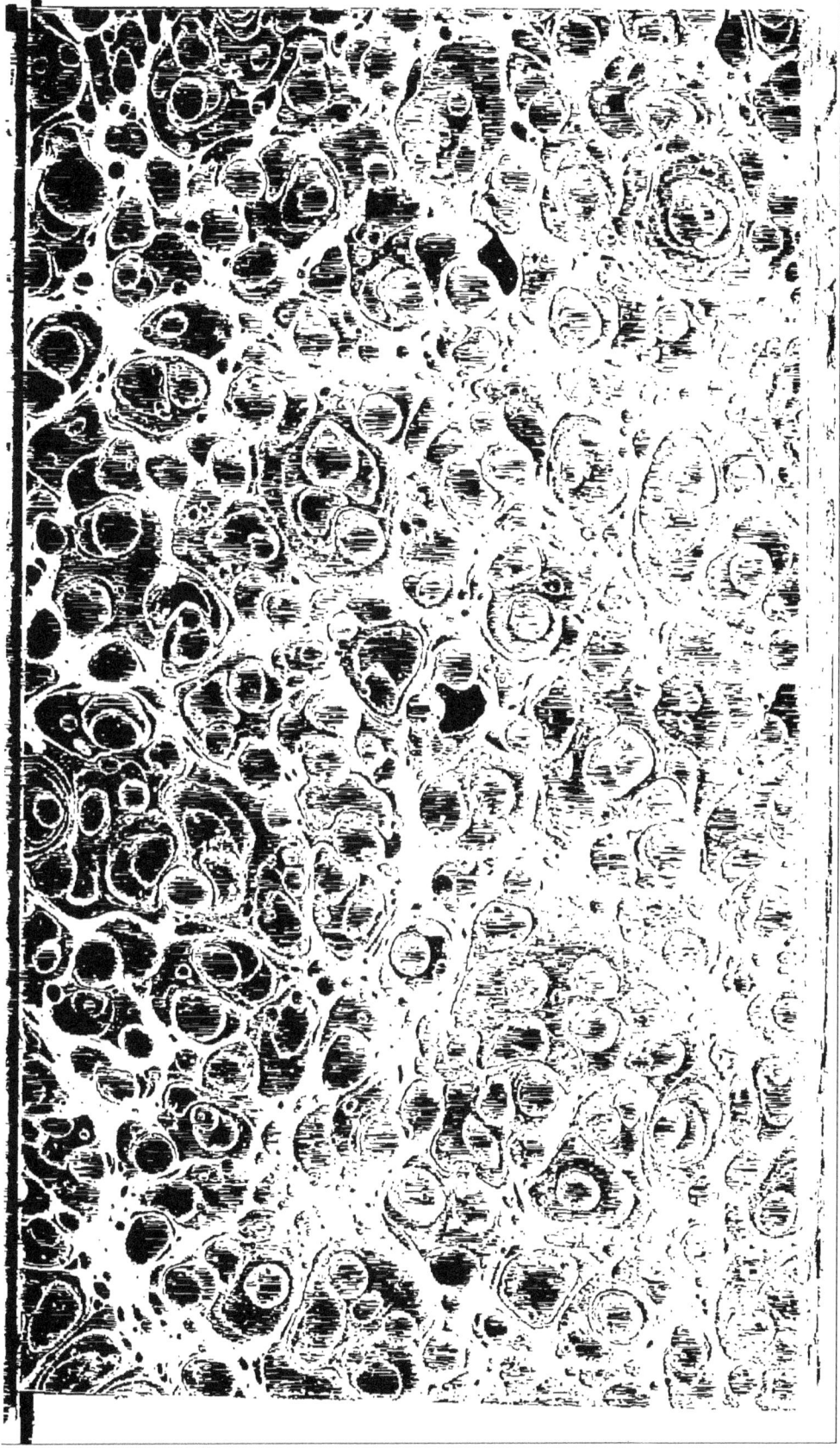

RÉSUMÉ

DE

L'HISTOIRE DU COMMERCE

ET DE L'INDUSTRIE.

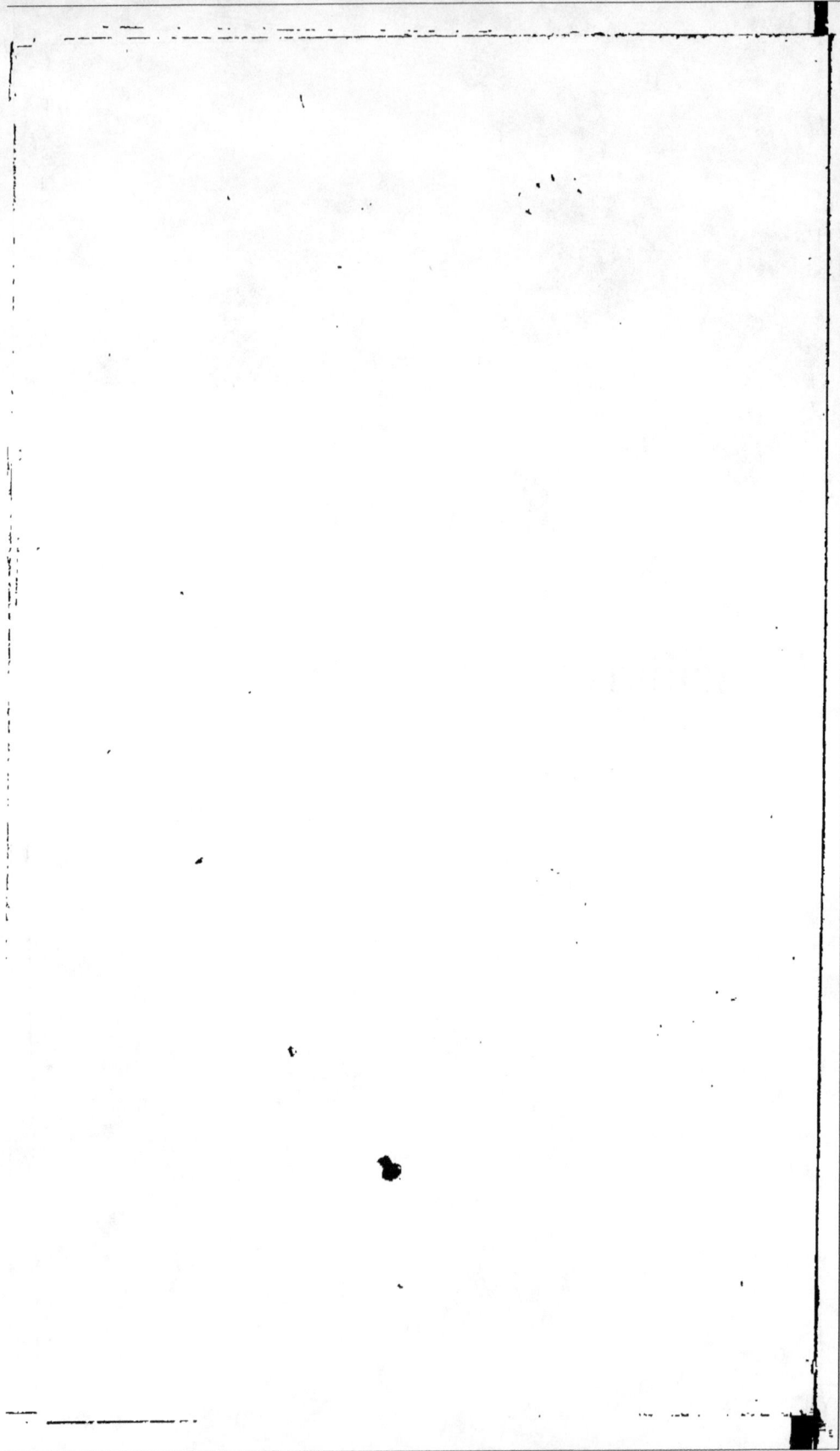

RÉSUMÉ

DE

L'HISTOIRE DU COMMERCE

ET DE L'INDUSTRIE.

PAR ADOLPHE BLANQUI.

« Le Commerce est l'ennemi des préjugés
« destructeurs; son effet naturel est de
« porter à la paix. »

MONTESQUIEU.

PARIS,

Chez LECOINTE et DUREY, Libraires,
quai des Augustins, nº 49.

1826.

IMPRIMERIE DE DONDEY-DUPRÉ,
Rue Saint-Louis, n⁰ 46, au Marais.

PRÉAMBULE.

Voici un petit livre qui m'a coûté bien des recherches. C'est le résumé d'une histoire qui n'est pas faite encore, et qui manque à notre époque; mais les matériaux en sont tellement épars et parfois tellement confus, qu'il n'est pas probable qu'on les recueille de sitôt en corps d'ouvrage, et qu'on en fasse présent au commerce. Cette histoire serait aussi vaste que le monde : elle devrait peindre les passions de toutes les races d'hommes et les productions de tous les climats; et pour être digne de l'écrire, il faudrait posséder une si grande variété de connaissances, que l'esprit le plus hardi en est déconcerté. Aussi n'ai-je point songé à l'entreprendre, et quoique jeune encore, je sens que cette belle tâche est réservée à nos successeurs. Nous vivons dans un moment de crise et de passage ; de quelque côté que nous tournions nos regards, au nord ou au midi, au levant ou au couchant, les peuples sont dans cet état d'agitation qui présage un nouvel ordre de choses. La position du plus grand nombre a cessé d'être en harmonie avec leur éducation et leurs idées acquises ; et leur tendance à l'émancipation n'est plus un mystère que pour ceux qui refusent d'ouvrir les yeux. Toutefois, ce grand mouvement ne sera bien compris que dans plusieurs années, lorsque la civilisation aura rallié tous les peuples traînards : alors on pourra juger de ses brillans effets, comme on reconnaît la belle disposition d'une armée, sitôt qu'elle a terminé ses manœuvres. Combien de gens entraînés par un fleuve rapide, ont cru voir fuir le rivage, tandis qu'ils fuyaient eux-mêmes !

Ce n'est donc qu'avec beaucoup de réserve qu'on peut se permettre de préjuger l'avenir : mais les leçons du passé sont certaines, et si, dans ce précis de l'Histoire du Commerce, j'ai fait ressortir les plus saillantes, mon petit livre ne sera point inutile. J'ai étudié sans prévention ni engouement les écrivains nationaux et étrangers, et je n'ai cédé ni à la fougue maussade de Raynal, ni au scepticisme trop moqueur de Voltaire, ni à la crédulité fanatique de

Solis et de Mariana, dont les mo-
tifs sont loin de nous. J'ai pris dans
chacun d'eux ce qui m'a paru digne
de foi, le vrai seul a des couleurs
qui lui sont propres, et il se prouve
tout naturellement, ce me semble,
comme l'existence de Dieu, par l'ins-
tinct et le consentement de tous les
humains. Je crois que les moines qui
étaient de bons cultivateurs et quelquefois des hommes très-utiles dans
le moyen âge, ne valent plus rien
aujourd'hui : et je l'ai dit. Il m'a paru
que les souverains devenaient chaque
jour de plus en plus des hommes
comme tous les autres, et que leur
vie ne résistait pas plus que le dia-
mant, à l'analyse : je me suis con-
tenté de le laisser entendre, parce
qu'il faut toujours être discret et poli,
même en disant la vérité. Mes com-
temporains, gens très-clairvoyans,

s'imaginent que les gouvernemens les plus économiques ne sont pas les plus mauvais, et que les monopoles de toute espèce, dans le bureau de la douane ou dans le cabinet des ministres, sont des impertinences que les peuples ne doivent plus supporter, quand ils ont pris la robe virile : je pense que mes contemporains ont raison, et j'avoue que je tiens beaucoup à ma robe virile. Je n'ai pas dissimulé, non plus, mon goût très-prononcé pour la tolérance universelle ; et si j'ai présenté le tableau des ravages de l'inquisition espagnole, ce n'est pas, assurément, pour la rendre aimable. Pourquoi faut-il qu'on prouve chaque jour des choses si palpables ? Pourquoi des hommes de bien qui sont mes compatriotes et dont je révère les talens, prêchent-ils encore les catégories re-

ligieuses et politiques, les prohibitions, le système colonial, la balance
du commerce et la proscription des
machines ? Un peuple qui paie chaque année très-exactement près d'un
milliard d'impôts, à la sueur de son
front, n'a-t-il pas le droit de cau-
ser un peu de ses affaires ?

Il est encore beaucoup d'esprits
très-distingués qui n'admettent pas
que la partie laborieuse d'une nation
en est la plus intéressante, et qui
supposent que les puissans sont des
hommes infiniment plus utiles que
les cultivateurs, parce qu'il faut
plus de façons pour se plaindre d'un
sous-préfet que pour châtier un vi-
gneron. C'est une erreur. Les fonc-
tions publiques sont salariées, et si
la main qui est tout le jour en activité pour en fournir le salaire, se
retirait ou se reposait un instant,

que deviendraient les grands, les ministres, tous ces pauvres qui ne sont point honteux, et qui croient faire l'aumône à ceux qui la leur donnent? Cette considération n'ôte rien à leur mérite, et personne ne songe à le leur contester : mais il est bon qu'on puisse apprécier leur position à sa juste valeur sous le rapport économique; et quand on voit les peuples se mouvoir, avancer et s'instruire sans eux, quelquefois malgré eux, on doit nécessairement chercher en dehors de l'influence qu'ils exercent, la source de ce mouvement reproducteur qui est la vie des nations : c'est le travail. Le travail est l'ame du monde : sans lui, tout périt; par lui tout prospère. Il mène à la vertu, comme l'indolence mène au vice; il règne en souverain chez les peuples qui ont du cœur :

il est proscrit ou méprisé chez les
lâches. Il a des autels en France, en
Angleterre, en Amérique, et si quelques farouches Espagnols (1) l'ont
précipité dans les bagnes, plus terrible que le géant du cap des Tempêtes, il apparaît armé de foudres
vengeurs sur leurs rivages désolés,
pour en écarter les navires (2).

Voilà les leçons que donne l'Histoire du Commerce. Elle inspire une
sage défiance pour les théories dé-
sastreuses qui ont retardé pendant
si long-tems le développement de la
prospérité générale dans les deux
hémisphères ; elle rend désormais
impossibles des querelles sérieuses

---

(1) On sait les proscriptions du Chanoine
Saez.

(2) On sait aussi les pertes cruelles occasio-
nées aux navires espagnols par les corsaires co-
lombiens.

entre une métropole et ses colonies ;
elle a dicté peut-être la reconnaissance de l'indépendance d'Haïti, en
mettant sous les yeux du roi de
France les avantages qui ont résulté
pour l'Angleterre de l'émancipation
forcée des États-Unis, et en faisant
sentir à ce monarque humain qu'on
avait toujours beaucoup de grâce et
d'à-propos, quand on était juste.
A mesure qu'on étudie attentivement
la marche des événemens qui ont
troublé le monde, on s'aperçoit que
la plus grande partie des guerres ont
été entreprises pour des intérêts mal-
entendus, et l'on s'attache davantage
à la paix qui est le bon sens des nations, comme la guerre en est le délire. Je m'estimerai fort heureux si
j'ai pu contribuer à répandre cette
vérité pleine de charme et d'avenir.
Il y a trop long-tems qu'on se tue :

revenons à la vie de famille ; jetons
quelques fleurs sur les cheveux blancs
de nos pères fatigués ; et quand les
choses parlent si hautement, ne dis-
putons plus sur des mots.

TABLE

DES CHAPITRES.

≈Θ≈

TABLE DES CHAPITRES.

RÉSUMÉ

DE

L'HISTOIRE DU COMMERCE

ET DE L'INDUSTRIE.

—◆—

CHAPITRE PREMIER.

Considérations sur le commerce et la navigation des anciens. — Des Égyptiens. — Des Phéniciens. — Des Carthaginois. — De Marseille.

Nous avons peu de documens véritablement authentiques sur le commerce des anciens, et leur ignorance presque absolue de l'art de la navigation ne doit pas faire supposer qu'il ait été considérable. Les hommes ont eu besoin de posséder beaucoup de connaissances, avant de le regarder comme un objet important ; et ces connaissances annoncent déjà une sorte de civilisation qui paraît être restée inconnue aux peuples de l'antiquité. Long-tems, chez eux, le commerce intérieur, le plus simple de tous, a dû consister dans l'échange des denrées de première nécessité, sans qu'ils aient songé à la recherche du superflu qui les a mis en rapport avec les nations étrangères. Dès que cette recherche fut devenue un besoin, il fallut songer à le satisfaire, et l'on cultiva la navigation. La soif du gain fit paraître des aventuriers qui entreprirent de longs voyages, et découvrirent des contrées nouvelles. Alors dûrent se répandre une foule de productions inconnues, bases de mille échanges et causes de mille discordes ; le commerce venait de naître des passions des hommes : il devait grandir avec elles, et, comme elles, devenir pour les nations une source de violences, de gloire, de richesse et de prospérité.

Je vais exposer d'une manière franche et rapide par quelle suite de révolutions, après des commencemens aussi humbles, le commerce s'est élevé au degré de splendeur où il brille aujourd'hui. Les différens peuples du monde passeront successivement sous nos yeux, actifs, inventeurs, industrieux; ou lâches, indolens et avilis. Nous verrons chez quelques-uns d'entre eux toutes les ressources de la prospérité se changer en élémens de ruine et d'asservissement; dans plusieurs autres, la nature vaincue, et forcée de concourir, comme la fortune, à leur élévation. Au premier rang de ceux dont l'histoire a conservé le souvenir, se placent les Égyptiens, maîtres du commerce d'Orient par la mer Rouge, et les Phéniciens, de celui d'Occident par la Méditerranée. Mais les Egyptiens, favorisés par un sol inépuisable, qui produisait avec abondance toutes les choses nécessaires à la vie, négligèrent long-tems l'industrie commerciale, portée à un très-haut point de développement par les Phéniciens. Il ne fallut rien moins que la fondation d'Alexandrie, le partage de l'empire romain, et plus tard l'établissement de la république de Venise, pour donner à cette contrée originale toute l'importance que lui a fait perdre, en 1497, la découverte du cap de Bonne-Espérance, et retrouver, dans ce siècle, l'immortelle expédition des Français.

Toutefois, la magnificence de ses monumens, les restes de ses anciens canaux attestent, mieux encore que les souvenirs écrits de l'histoire, la richesse et l'étendue de son commerce ; le port de Bérénice sur la mer Rouge, le canal de jonction du Nil avec cette mer, et les ruines d'Alexandrie en sont des témoignages irrécusables. Les Egyptiens portaient aux Indes des étoffes de laine, du fer, du plomb, du cuivre et de l'argent : ils recevaient en échange de l'ivoire, de l'ébène, de l'écaille, des soieries, des perles, des épiceries de toute espèce, et surtout de l'encens. C'était le parfum le plus recherché, dans le tems, pour les palais des rois et les temples des dieux. Aucun effort ne semblait difficile pour s'en procurer, tant les bénéfices qu'on en retirait étaient considérables. C'est une chose digne de remarque qu'une seule branche de commerce ait suffi très-souvent pour faire la fortune d'un peuple :

ainsi, nous verrons les Hollandais exploiter le poivre des Moluques, la Suède s'enrichir par ses mines de fer, et les villes anséatiques par la pêche du hareng, devenu indispensable à l'Europe chrétienne, dans le tems où elle était rigoureusement soumise au régime imposé par l'église pendant certains jours, et même pendant certains mois de l'année.

On peut dire que la fondation d'Alexandrie donna une physionomie nouvelle à l'Egypte, en lui révélant le secret, jusqu'alors méconnu, de sa position géographique. Par le golfe Arabique, elle entrait dans l'Orient; elle touchait par le haut Nil à l'Ethiopie, et par les deux embouchures de ce fleuve, joignait la Méditerranée à la mer Rouge, c'est-à-dire l'Europe à l'Asie. Quel effet devait produire à la porte de l'isthme, l'établissement d'une ville et d'un port de commerce! Cette seule idée est un trait de génie, et l'exécution doit en être regardée comme un des plus grands événemens de l'antiquité; car, sous Ptolémée Philadelphe, le port d'Alexandrie recevait des milliers de vaisseaux.

1.

Cette circonstance pourrait induire en erreur sur la véritable puissance navale des peuples de l'antiquité ; mais il ne faut pas oublier que la boussole leur étant inconnue, et leurs connaissances astronomiques étant très-bornées, leur navigation consistait tout entière dans le cabotage. Ils ne s'écartaient jamais des côtes, qui leur servaient pour ainsi dire de boussole, et toutes les fois qu'ils entreprenaient des voyages un peu éloignés, ils réunissaient un grand nombre de leurs petits navires pour se prêter secours, au besoin. Ils avaient établi, sur plusieurs points, des relais maritimes qui transportaient leurs marchandises aux relais voisins, d'où elles passaient de relais en relais, selon la longueur du voyage, jusqu'à leur destination. Il fallait donc beaucoup de vaisseaux pour y suffire; et cette considération en explique le grand nombre, sans donner une haute idée de leur influence sur le commerce.

Les Phéniciens avaient à peine un territoire, et ils occupent le premier rang dans l'histoire des peuples. Ils sont connus partout ; ils vivent encore de leur vieille

renommée, quoiqu'on ne trouve rien dans
leurs institutions qui mérite les éloges de
la postérité. On remarque seulement que
malgré le voisinage des Égyptiens et des
Hébreux, ils étaient pleins de douceur et
de bienveillance pour les étrangers, comme
s'il leur eût été réservé de prouver les
premiers cette grande vérité du dix-neu-
vième siècle, que la tolérance est une vertu
indispensable aux peuples commerçans.
Leur frugalité et leur persévérance sont
admirables : obligés de vivre sur un terrain ingrat, ils tirèrent leur subsistance
de l'univers. Ils envoyaient des vaisseaux
sur toutes les côtes de la Méditerranée,
et on assure que personne avant eux n'a-
vait franchi le détroit de Gibraltar. Bo-
chard a fait une longue énumération de
leurs colonies. Le Liban leur fournissait
des bois de construction, et Salomon leur
demandait des ouvriers pour son temple
de Jérusalem. Ils avaient singulièrement
perfectionné tous les arts qui dépendent
du commerce : on vantait l'élégance de
leurs étoffes et de leurs ouvrages en bois,
en fer, en or et en argent. Leurs ports,

aujourd'hui méconnaissables , étaient très-
spacieux et très-commodes , parce que
leurs vaisseaux longs et plats tiraient beaucoup moins d'eau que les nôtres.

La ville de Tyr, bâtie d'abord sur la
terre ferme , puis sur une île voisine rat-
tachée au continent par une chaussée, ne
contenait pas de monumens remarquables.
La beauté de ses édifices consistait dans
leur utilité , qui est le luxe du commerce.
Plus tard, on joignit à ces deux villes
celle d'Aradus : leurs ruines portent le
nom de Tripoli, et sont peut-être le lieu
du monde où l'on se souvient le moins de
la grandeur tyrienne. On sait la fin de
cette république célèbre. Forcée de prendre
part aux sanglans démêlés de Darius et
d'Alexandre , elle fournit 300 galères au
premier de ces deux monarques, et n'en
fut pas moins brûlée par lui ; à peine re-
bâtie , elle fut assiégée et brûlée de nouveau par Alexandre, qui la fit reconstruire.
Mais son commerce était anéanti par tant de
désastres ; la guerre l'avait frappé de mort :
elle succomba, comme Gênes, Venise et la
Hollande, pour avoir abusé de sa fortune.

Carthage, qui était sa rivale, devint son héritière. Plus heureuse parce qu'elle fut libre, elle dominait sur les côtes d'Afrique, et possédait la plus riche contrée de l'Europe, l'Espagne, déjà célèbre par ses mines d'or et d'argent, qui devaient se renouveler dans un autre hémisphère. Son territoire lui fournissait du blé pour sa subsistance et pour ses spéculations. Ses bois étaient très-estimés à Rome, et ses cuirs, qui ont survécu à sa ruine, nous viennent encore des mêmes rivages, sous le nom de *maroquins*. Bientôt sa fortune surpassa celle de Tyr, et ses navigateurs, encouragés par le succès, conçurent et exécutèrent les entreprises les plus hardies. Les fameuses expéditions d'Hannon et d'Himilcon aggrandirent à la fois les limites du monde, la puissance de la république et l'étendue de son commerce. Hannon reconnut les côtes occidentales de l'Afrique jusqu'au cap de Bonne-Espérance, Himilcon, celles de l'Europe jusqu'aux limites de l'Angleterre; mais malheureusement le tems nous a dérobé tous les journaux originaux de ces voyages.

et le mystère dont les Carthaginois s'enveloppaient toujours, n'a pas peu contribué à leur donner une couleur fabuleuse. Nous n'en devons pas moins conserver une haute idée de leur puissance (1). Assis sur toute la côte septentrionale de l'Afrique depuis la grande Syrte jusqu'au détroit de Cadix, ils faisaient face à l'Europe entière avec leurs trois cents villes et leur capitale peuplée de sept cent mille ames. C'était comme un vaste camp de frontière, ayant pour fossé la Méditerranée, et pour appui le désert.

« Carthage, dit Raynal, n'aurait peut-
» être été que commerçante, s'il n'y avait
» pas eu des Romains. » Mais l'ambition de ce peuple souleva tous les autres; il fallut faire la guerre au lieu de faire le

---

(1) Le *Périple* d'Hannon est le seul monument authentique du talent des Carthaginois dans la navigation, et un des fragmens les plus curieux que les anciens nous aient transmis. Dodwell prétend que cet ouvrage est apocryphe; mais Montesquieu et Bougainville l'ont totalement réhabilité.

commerce, et se battre au lieu de s'enrichir. Les Carthaginois s'étaient assurés de la Numidie, de la Sardaigne, d'une partie de la Sicile et des îles Baléares; Syracuse, Agrigente, Messine étaient en leur pouvoir et les rapprochaient de Rome : Rome leur fit la guerre. Le génie d'Annibal et les mines d'Espagne la soutinrent longtems cruelle, sanglante, opiniâtre ; mais la fortune du peuple romain l'emporta, pour le malheur du monde, et le monde, ami des vainqueurs, accuse encore avec eux *la foi punique.* Carthage, dont les plus grands citoyens s'honoraient de la profession du négociant, n'a pas trouvé grâce devant la postérité, malgré son amour pour les sciences, son zèle pour l'industrie, et la gloire d'une existence de sept cent ans toute consacrée à des travaux utiles au genre humain.

Les commencemens de Marseille se rattachent aux derniers momens de Carthage. Il y avait eu de grands débats entre ces deux puissances maritimes au sujet de la pêche : aussi, lorsque les Romains firent la guerre aux Carthaginois, Mar-

seille leur servit d'entrepôt et fut leur
alliée fidèle. Cette ville était toute remplie
de magasins, d'arsenaux, de machines, la
plupart de son invention : les Phocéens,
ses fondateurs, y avaient développé de
très-bonne heure l'esprit d'industrie et
d'activité qui les distinguait. La chute de
Corinthe parut mettre le comble à sa fortune; car on avait le malheur de croire,
alors, qu'il fallait ruiner ses voisins ou
ses rivaux pour s'enrichir.

CHAPITRE II.

Du commerce chez les Grecs et les Romains.

La Grèce, ouverte de toutes parts à la mer, devait prospérer par le commerce. En effet, si l'on jette les yeux sur la carte de cette belle contrée, on verra, dans un pays assez resserré, une vaste étendue de côtes. Ses colonies formaient une immense circonférence autour d'elle, et ce qu'il y avait d'admirable, les îles sans nombre de l'Archipel, situées comme en première ligne, l'entouraient encore. L'île de Rhodes, par son heureuse position, lui servait de communication avec l'Égypte. Corinthe séparait deux mers, ouvrait et fermait le Péloponèse, comme elle est de nos jours la clef de la Morée. « Elle fut » une ville de la plus haute importance

2

» dit Montesquieu, dans un tems où la
» Grèce était un monde et les villes grec-
» ques, des nations. » Elle avait un port
au sud pour recevoir les marchandises de
l'Asie, un autre au nord pour les produits
de l'Italie, et son importance commerciale égala celle de Palmyre, qui joignait
l'orient au couchant au travers du désert.
On lui attribue l'invention des poids et
mesures. Athènes, victorieuse de Xerxès,
devint sur mer l'arbitre de toutes les républiques rivales : les flottes de la Syrie,
de Chypre, des Phéniciens, disparurent
devant elle. Les côtes d'Afrique, de l'A-
sie mineure, de la Sicile, de l'Italie, furent
peuplées par ses colonies.

L'expédition d'Alexandre en Orient,
étendit considérablement la sphère du
commerce et de la navigation chez les
Grecs. Ce grand homme pénétra assez
avant dans l'Inde pour s'affermir dans l'o-
pinion qu'il avait de l'importance de son
commerce, et pour s'apercevoir des richesses immenses qu'il pourrait retirer
d'un pays où les arts avaient été cultivés
de très-bonne heure. Une flotte com-

mandée par Néarque reconnut les parages
depuis l'embouchure de l'Indus jusqu'au
golfe Persique, découvrit le flux et le
reflux, et pour avoir navigué constamment
trop près des côtes, perdit tout l'avantage des vents périodiques qui règnent
dans cette partie de l'Océan. Mais on venait de faire un pas immense : les Grecs
étaient en rapport avec l'Inde ; les cata-
ractes formées aux bouches de l'Euphrate
par la jalousie des Perses, étaient détruites ; Tyr avait succombé, l'Égypte
était conquise : la haute destinée d'Alexandrie commença à s'accomplir ; elle devint
l'entrepôt de l'Orient.

Ce serait ici le lieu de parler de la puissance de Rhodes, dont les Romains adop-
tèrent les lois maritimes, et de l'île de
Délos, asile des négocians de Corinthe,
après la destruction de cette ville ; mais
je suis forcé de me borner à des considérations générales sur ces époques recu-
lées, d'où il est impossible de faire jaillir
quelques traits de lumière sur l'histoire
du commerce. La Grèce moderne a de
plus justes droits à nos méditations. En

disant ce qu'elle vient de faire, nous jugerons mieux ce qu'elle a fait jadis: le commerce d'Hydra n'aura rien à envier à celui d'Athènes. Dépourvue de ses jeux fréquentés par tous les peuples, de ses temples où les rois envoyaient des offrandes, de ses oracles ouverts à la faiblesse humaine, cette noble terre des arts a retrouvé le secret de se faire admirer du monde : tout nous fait espérer qu'elle ne le perdra plus.

Les découvertes des Romains, et leurs progrès dans la navigation, furent encore moins considérables que ceux des Grecs. Leur génie, leur éducation militaire, leurs lois contribuèrent à les détourner du commerce et de la marine. Ce fut comme nation rivale et non comme nation commerçante qu'ils attaquèrent Carthage; car ils favorisaient des villes qui faisaient le commerce, quoiqu'elles ne fussent pas leurs sujettes. C'est ainsi qu'ils augmentèrent, par la cession de plusieurs pays, la puissance de Marseille. Ils comprirent bientôt que, pour arriver à la domination universelle, il fallait se rendre maîtres de la mer; mais ils regardèrent toujours ce service comme une profession inférieure, tout au plus convenable, dit Polybe, à ceux qui n'étaient pas d'un rang assez distingué pour être admis dans les légions. Les gens de mer étaient ordinairement des affranchis; et cette déconsidération s'explique par le peu de connaissances qu'on leur supposait. Ils dépendaient des duumvirs, fonctionnaires chargés du matériel, de l'entretien et du commandement des armées navales.

Bientôt ce nouvel instrument de despotisme se fit sentir à toutes les puissances maritimes. Le pavillon romain flotta victorieux de ses ennemis et des pirates, sur la Méditerranée, réparant avec une célérité incroyable les pertes essuyées dans les naufrages ou dans les batailles. Carthage succomba, la liberté n'eut plus d'asile, et, par une singulière conséquence de l'asservissement général, le commerce reprit une grande activité. On était esclave, mais on avait la paix. Le peuple-roi se laissa approvisionner par les nations vaincues : l'Afrique lui apportait de l'or, du

blé, des animaux féroces, devenus presque
aussi nécessaires pour ses plaisirs du
cirque ; l'Espagne, du fer, de la laine et
des fruits ; la Perse, des étoffes et des
perles ; la Syrie, des vins, de la pourpre
et des bois de cèdre ; l'Arabie, de l'encens, de la myrrhe et des parfums : en
retour, Rome donnait des lois. Ce peuple
de soldats aurait cru déshonorer le nom
romain, s'il se fût appliqué au commerce.
Montesquieu (1) cite une loi de Constantin qui confondait les femmes de boutique
avec les filles de joie. Le monde entier,
comme on voit, était devenu le fournis-
seur de quelques milliers d'hommes qui ne
connaissaient du commerce que l'art de
faire valoir l'argent, et d'en retirer d'é-
normes intérêts. Leurs proconsuls, leurs
préteurs, étaient de véritables pachas ; ils
revenaient, chargés des dépouilles des provinces, étaler dans Rome un luxe orien-
tal ; et ce n'est pas un spectacle indigne
de réflexion que celui de Cicéron écrivant,

---

(1) *Esprit des lois*, liv. XXI. chap. 14.

sur une table de citronnier qui lui avait
coûté vingt mille francs, l'acte d'accusation
de Verrès qui avait volé quinze millions à
la Sicile. Voilà le peuple qui appelait les
Carthaginois des *mangeurs de bouillie !*

Cette puissance prédominante faisait
agir et dirigeait l'industrie des hommes
pour jouir du fruit de leurs travaux réunis. Toutes les nations commerçantes con-
fondues sous le même joug, travaillaient
de concert à la fortune des Romains.
Ceux-ci n'eurent pas plus tôt pris du goût
pour les délices de l'Orient, que le commerce avec l'Inde, par la voie de l'Égypte,
reprit une vigueur nouvelle. La botanique
et l'agriculture s'enrichirent d'une foule
d'arbres jusqu'alors inconnus; le pêcher,
l'abricotier, le grenadier, le cerisier, le
citronnier, l'oranger furent naturalisés en
Europe. Les navigateurs, à force de fré-
quenter le continent de l'Inde, rencon-
trèrent enfin, en gouvernant au large,
les vents périodiques qui soufflent constamment dans ces latitudes. Alors, l'étude
des moussons suppléant au défaut de la
boussole, leur donna de l'assurance, et

Trapobane, l'île actuelle de Ceylan, fut découverte : la côte de Malabar était exploitée depuis long-temps. Là, paraît s'arrêter la navigation des Romains, car ils ne dûrent la connaissance imparfaite des contrées qui s'étendent plus avant dans l'orient, qu'à des aventuriers qui y avaient été par terre : aucun de leurs voyageurs n'avait passé le Gange. Le commerce ne laissait pas néanmoins que d'être immense pour l'époque, si nous en croyons Pline (1) qui porte à dix millions de notre monnaie la somme des importations de l'Inde à Rome, et Strabon (2), à cent vingt le nombre des vaisseaux expédiés annuellement pour cette destination.

Les provinces de l'intérieur subsistaient de la vente du blé et de la fabrication des objets de luxe, dont les Romains se montraient si avides. Les fourrures de la Scythie, les soies de la Perse, l'ambre de la Baltique, toutes les superfluités les plus

---

(1) *Hist. nat.* Liv. VI, chap. 26.
(2) *Géog.* Liv. II, page 179.

coûteuses étaient devenues d'une nécessité indispensable aux dames romaines, malgré la sévérité des lois somptuaires, de tems en tems renouvelées par des censeurs chagrins. Des routes magnifiques, partant de Rome, rayonnaient dans toutes les directions jusqu'à Jérusalem, à York, à Reims, à Brindes, à Byzance. Des relais de 40 chevaux, établis de cinq en cinq milles, permettaient aux voyageurs privilégiés de faire cent milles par jour(1). La Méditerranée n'était plus qu'un lac, dont Ostie fut le port essentiel, à cause de sa position à l'embouchure du Tibre.

Tant de mouvemens avaient dû augmenter la production et la circulation. On connaissait l'Allemagne jusqu'à l'Elbe, et l'Espagne toute entière, où quarante mille hommes exploitaient les mines; la Gaule avait cédé, l'Afrique était tributaire. Les Romains avaient déjà tellement étendu leurs relations, que les cent mille hommes que Mithridate fit égorger dans l'Arménie,

---

(1) Voyez Bergier, *Histoire des grands chemins de l'empire romain.*

passaient pour être presque tous des négocians. Mais ce commerce isolé, sans
base solide, et dénué de principes, ne pouvait concourir d'une manière stable à la
prospérité de l'empire. La paix seule en
avait soutenu l'existence : la guerre dût lui
porter un coup mortel. Ce fut le résultat
le plus prompt de l'invasion des barbares,
dont la présence se fit bientôt sentir par
des lois cruelles ou insensées. Alors s'é-
tablirent les droits odieux d'aubaine et de
naufrage qui devaient se maintenir, au
mépris de l'humanité, jusqu'à nos jours.
On peut juger de ce que devint le commerce entre les mains de ces peuples,
qui attendaient, ardens au pillage, les
naufragés sur un écueil.

CHAPITRE III.

Du commerce après la chute de l'empire romain. — Des Arabes.

LA tempête qui venait de bouleverser l'empire romain avait fait disparaître dans un même désastre les sciences, les arts, les lois et l'industrie. Il n'y avait plus de commerce, car en beaucoup d'endroits il n'y avait plus de peuples. Ceux qui avaient survécu à cette effroyable dévastation, étonnés d'exister encore, reconnurent la barbarie à son ignorance et à sa cruauté. Ils furent partagés en troupeaux, et adjugés au hasard à des sauvages. Les noms d'*étranger* et d'*ennemi* devinrent synonymes, et, pour comble d'infortune, semblables à ces hommes qu'une révolution soudaine a privés de la pensée, les peuples vaincus oublièrent jusqu'à la langue de leurs pères : tout ce que les Grecs et les Romains avaient laissé de mémorable, cessa d'être compris. On perdit la connaissance des régions éloignées ; on ne se souvint plus de leur situation, de leurs productions : leurs noms même étaient perdus.

Une seule circonstance empêcha le commerce avec les nations éloignées de s'éteindre entièrement. La ville de Constantinople, quoique souvent menacée par les barbares, fut assez heureuse pour échapper à leur rage destructive. Ses habitans conservèrent le dépôt des arts que les anciens avaient cultivés, et des découvertes qu'ils avaient faites ; ils recherchèrent les productions des pays étrangers, et le commerce y fleurit pendant qu'il était anéanti dans les autres contrées de l'Europe. Ils ne bornèrent pas le leur aux îles de l'Archipel et aux côtes adjacentes de l'Asie : ils prirent l'essor, et, suivant la marche indiquée par les anciens, ils vinrent chercher à Alexandrie les marchandises des Indes orientales. On trouve dans la collection des voyages de Ramusio (1), des détails pleins d'intérêt sur les diverses routes qu'ils suivirent pour transporter les productions de l'Inde à Constantinople, lorsque l'invasion de l'Égypte par les Arabes leur eut fermé l'entrepôt d'Alexandrie.

Ces Arabes étaient des hommes faits pour changer la face du monde. Quoique la nature les eût destinés au commerce, leur génie impétueux et brillant les rendait merveilleusement propres aux grandes entreprises. Le préfet Elius Gallus, que l'empereur Auguste leur avait envoyé, rencontra un peuple oisif, tranquille et peu aguerri : il donna des batailles, fit des siéges, et ne perdit que sept soldats; mais les marches, la faim, la soif, la chaleur et les maladies lui firent perdre son armée. Il fallut donc se contenter de négocier avec des hommes défendus par leur climat, et cette capitulation assura au peuple romain le commerce de l'Inde.

---

(1) Ramusio, *Raccolte de' viaggj*. Tom 1, pag. 372.

3

Mahomet vint, qui trouva ces négocians disposés pour la guerre : il leur donna de l'enthousiasme, et il en fit des conquérans. Les superstitions des premiers âges, religieusement conservées, servirent ses desseins au-delà de toute espérance : une fois mis en mouvement, l'Arabe ne s'arrêta plus. Aussi fier et aussi rapide que ses coursiers, il traversa le désert en vainqueur, en apôtre, et fonda cette religion terrible et séduisante qui tenait le cimeterre d'une main, et de l'autre montrait le ciel et les houris. Ainsi commença la puissance mahométane dont les décrets étaient des oracles, et les soldats des fanatiques ; puissance majestueuse, appuyée sur l'autel et le trône, et si bien affermie, qu'elle brave encore la civilisation, au milieu de l'Europe étonnée de son existence.

Malgré la doctrine du Koran, le plus religieusement observé des codes de la terre, un rayon de lumière avait pénétré dans l'Orient, à mesure que le mahométisme y faisait des progrès. Les Arabes semblaient mener avec eux, comme en triomphe, les dépouilles du génie et de la philosophie. Ils cultivaient les mathématiques, la physique, la médecine; ils commençaient la chimie et l'astronomie : les chrétiens d'Occident venaient s'instruire à leur école. Almançon fit mesurer géométriquement un degré du méridien pour déterminer la grandeur de la terre, et l'astronome Ben-Honaïn reconnut l'obliquité de l'écliptique. D'une autre part ils faisaient des conquêtes moins pacifiques, mais plus capables de frapper les esprits des hommes. En 707, un des généraux du calife Valid étend son empire jusqu'à Samarkande; un autre attaque en même tems l'empire des Grecs vers la mer Noire. Un troisième, en 711, passe d'Égypte en Espagne, soumise tour à tour par les Carthaginois, par les Romains, par les Goths, par les Vandales, et enfin par les Arabes qu'on nomme Maures. Ils y établirent d'abord le royaume de Cordoue. Abdérame s'empare de ceux de Castille, de Navarre, de Portugal, d'Arragon; il passe dans le Languedoc, la Guyenne et le Poitou : et sans Charles-Martel qui lui

ôta la victoire et la vie, la France était
une province mahométane.

Dès l'an 671, les Arabes avaient as-
siégé Constantinople, dont les empereurs
venaient de faire le plus beau port du
monde. Son heureuse situation à l'entrée
de la mer Noire, à la limite de l'Europe
et de l'Asie, lui donnait une importance
commerciale qui s'accrut beaucoup, dans
la suite, par ses relations avec les républiques de Gênes et de Venise. Bagdad, au-
delà de l'Euphrate, ne pouvait lui être
comparée, malgré sa magnificence orientale et l'étendue de son commerce. Mais
les querelles théologiques, et quelques lois
de Constantin, arrêtèrent promptement
l'essor imprimé à l'industrie du Bas-Empire. Elle s'était déjà approprié par différentes voies les richesses de l'Inde, et ses
manufactures rivalisaient avec celles de
l'Asie. Armée du feu grégeois, sa marine
défendait l'entrée du Bosphore et celle de
l'Hellespont; elle paraissait avec honneur
dans les mers de la Grèce et de l'Égypte,
lorsque Constantinople, avilie par les crimes des empereurs et la servile complai-

sance de leurs sujets, succomba sous les
efforts de Mahomet II. L'historien Gibbon
a peint des plus vives couleurs ce mémorable épisode de la décadence de l'empire.

La religion chrétienne était alors domi-
nante et généralement répandue. Ses effets
se firent bientôt ressentir dans la plupart
des villes, en propageant l'esprit de bienveillance et de soumission, favorable au
commerce et à la paix. Mais dans les cours
et dans les conciles, elle devint un aliment de discorde et de haines : les discussions les plus ridicules sur des mots inin-
telligibles firent couler des flots de sang,
et ce n'est pas sans pitié pour l'espèce
humaine qu'on peut lire l'histoire des folies atroces de ces tems déplorables. Grâce
au ciel, la raison des peuples en a fait justice, et l'on doit espérer qu'un jour les
croyances religieuses rendues à leur destination naturelle, celle d'élever à Dieu la
pensée de l'homme, ne seront plus un
sujet de discorde et de persécutions. N'est-
il pas permis de supposer que sans l'in-
tolérance des jésuites établis à la Chine et

au Japon, les négocians hollandais eussent
été dispensés de la honteuse obligation de
fouler aux pieds le signe de leur religion ?
les juifs, honnis dans toute l'Europe,
auraient-ils reçu l'épithète flétrissante attachée à leur nom, si les persécutions religieuses, en atteignant leurs fortunes, ne
les eussent forcés de chercher des compensations dans l'usure ? Quand donc verrons-nous toutes les croyances, celles du
moins qui n'outragent pas l'humanité,
partout respectées, inviolables, comme la
Divinité dont elles émanent !

Ces réflexions se lient naturellement au
tableau d'une époque remarquable par
l'inauguration du christianisme. On ne
saurait trop regretter que sa douce influence, destinée à rapprocher les hommes,
et par conséquent à étendre le cercle de
leurs opérations commerciales, ait été pa-
ralysée par les saturnales théologiques du
Bas-Empire. Il semble, en parcourant ces
funestes annales, qu'une nuit immense et
profonde nous dérobe tout-à-coup la
raison humaine et les travaux des hommes
et les rapports qui les unissent ; une faible

lueur brille à peine aux champs de l'O-
rient, et c'est sous la tente des Arabes que
le lecteur chrétien est réduit à suivre la
trace des arts et de l'industrie! l'Espagne
est encore toute parée des monumens de
leur architecture; Charlemagne a reculé
devant eux du haut des Pyrénées ; la
Chine et les Moluques ont reçu leurs
navires; le reste de l'Asie a subi leur
croyance.

On voit que le commerce, étouffé dans
l'Occident, était revenu dans l'Orient, son
ancienne patrie. Les sciences et les arts l'y
avaient accompagné, fuyant les barbares
du Nord qui désolaient toute l'Europe.
Mais, après la longue stupeur occasionnée
par leurs dévastations, dont Grégoire de
Tours et Jornandès nous ont tracé d'effroyables peintures, les idées sociales parurent renaître; les tribus grossières qui
s'étaient établies sur les ruines de l'empire
romain acquirent insensiblement quelques
notions des gouvernemens réguliers de
l'antiquité, et l'Europe sortit peu à peu
de son inaction. On aperçut en Italie les
premiers germes de civilisation. Les hordes

septentrionales, qui s'étaient emparées de cette contrée, firent des progrès plus rapides que celles qui s'étaient fixées dans les autres parties de l'Europe. Robertson, dans son admirable Introduction à l'Histoire de Charles-Quint, et Sismondi, dans son Histoire des républiques italiennes, ont parfaitement exposé les causes qui contribuèrent à l'indépendance des principales villes d'Italie. Venise fut fondée dans les lagunes de l'Adriatique, aux dépens de la mer, dont elle devait un jour être la souveraine; Gênes, sa rivale, saccagée par les barbares et rétablie par Charlemagne, créa une marine formidable, tandis que Pise, Lucques et Florence, l'honneur du moyen âge, rallumaient le feu sacré. Constantinople devint le marché des Italiens qui s'y rendaient en foule, et qui finirent par y obtenir des privilèges. Pour abréger les distances et diminuer les frais de transport des marchandises de l'Inde, ils allaient les chercher aux entrepôts d'Alep, de Tripoli, de Damas et de toute la côte de Syrie, où elles arrivaient par la route de Palmyre. La nouvelle exis-

tence de l'Europe lui avait donné de nouveaux besoins et une physionomie nouvelle ; une véritable révolution s'opéra
dans les mœurs et dans le commerce : nous
allons la décrire.

CHAPITRE IV.

Du commerce depuis Charlemagne jusqu'aux Croisades.

LE monde était vengé de la longue oppression des Romains; les papes avaient remplacé les empereurs au Capitole, et l'univers, tel que ces derniers l'avaient fait, n'existait plus. Vingt jargons barbares venaient de succéder à la langue de Cicéron et de Virgile. La religion de Jésus-Christ et celle de Mahomet étaient en présence, toutes deux aspirant à la domination universelle, toutes deux tourmentées par des sectes hardies, puissantes et opiniâtres. Les Lombards occupaient le nord de l'Italie, les Francs dominaient dans la Gaule, les Arabes en Espagne, et cent peuples divers voyageaient d'une extrémité à l'autre de l'Europe, pour s'éta-

blir commodément. La société actuelle est
sortie peu à peu de ce chaos, et s'est organisée au milieu des orages. Cherchons
dans les ténèbres un flambeau qui nous
guide : voyons quel commerce a pu exister entre des peuples qui n'avaient rien,
et que le vainqueur chassait devant lui
comme de vils troupeaux.

Il fallut qu'un tems assez considérable
s'écoulât, avant que les nouveaux maîtres
de l'Europe eussent renoncé aux habitudes grossières de leur vie sauvage et
nomade. Ils ne songèrent à cultiver la
vigne que lorsqu'il n'y eut plus de vin
dans les caves, et les premières idées industrielles ne leur vinrent qu'après avoir
épuisé les produits de toutes les manufactures. Les réglemens d'ordre que le
travail fait naître suivirent de près le besoin de travailler. Jusque-là leur installa-
tion s'était opérée avec une sorte d'ivresse
et une totale imprévoyance de l'avenir. En
se fixant dans les pays qu'ils venaient de
dévaster, ces barbares avaient séparé ce
que Rome avait autrefois réuni. Tous les
états nouveaux étaient gouvernés au gré

du hasard, de la violence et du caprice. Des pirates impitoyables se montraient à l'embouchure des rivières, et interceptaient toutes les communications. Alors les premiers arrivés voulurent défendre leurs conquêtes contre les nouveaux venus ; chacun se renferma dans ses limites, et fut forcé d'y travailler pour vivre. Les Normands, ou Saxons, sortis trop tard de leurs retraites, accoururent au partage : mais ils trouvèrent l'Europe déjà reconstituée. Charlemagne leur proposa le baptême ou la mort, et l'on sait ce que leur a coûté leur refus.

Ni les Pharamond, ni les Clovis, ni tous ces chefs de Francs que nous prenons pour des rois, ne peuvent être mis au rang des promoteurs de la civilisation. Ils se couvraient de peaux ou de laine grossière, et ils laissaient tomber en ruines tous les monumens de la magnificence romaine. Les chemins si beaux et si solides qui sillonnaient l'Europe entière depuis le mont Taurus jusqu'à Brindes, étaient devenus impraticables ; et ce fut une grande nouveauté que l'établissement d'une foire

à Aix-la-Chapelle. Les Saxons y accou-
raient avec l'étain et le plomb de l'Angleterre; les juifs avec des bijoux ou des
vases d'or ou d'argent; les Esclavons avec
tous les métaux du Nord; les Lombards,
les Espagnols, avec les marchandises de
leur pays et celles qui leur arrivaient d'A-
frique, d'Egypte et de Syrie; les négocians de France avec ce que pouvaient fournir leur sol et leur industrie. Le tems de
cette foire devint celui des amusemens, et
on s'y rendait avec un empressement d'autant plus grand qu'il n'y avait alors ni
spectacles, ni assemblées, ni réunions
d'aucune espèce. Le commerce renaissait,
comme on voit : il se faisait déjà une fois
par an. Charlemagne contribua beaucoup
à le relever; il avait mis la plus stricte économie dans ses dépenses, et il faisait
vendre au marché les légumes de ses jardins. Les guerres nombreuses qu'il eut à
soutenir, son voyage et son couronne-
ment à Rome, développèrent sans doute
en lui ces inspirations solennelles aux-
quelles nous devons la renaissance des
lettres et une foule d'établissemens d'uti-

4

lité publique. La marine, qu'il chargea
de garder l'entrée des rivières, ressuscita
pour un moment la navigation et le commerce extérieur. Alfred-le-Grand, en Angleterre, et quelques villes d'Italie imitèrent
cet exemple, et y gagnèrent comme lui.

Il y eut une lueur de politesse à la cour
de Charlemagne. Les marchands des côtes
de Toscane et ceux de Marseille allaient
chercher à Constantinople pour cette cour,
des étoffes de soie. Rome, Ravenne, Milan, Lyon, Arles, Tours, avaient beaucoup de manufactures d'étoffes de laine.
On damasquinait le fer, on fabriquait le
verre ; mais le linge était peu commun. La
monnaie avait à peu près la même valeur
que celle de l'empire romain sous Constantin. Le sou d'or vaudrait aujourd'hui
près de 15 francs de notre monnaie. La
livre numéraire était réputée le poids d'une
livre d'argent de douze onces. Cette livre
se divisait numériquement en vingt parties. Il faut se souvenir qu'outre ces monnaies réelles d'or et d'argent, on se
servait, dans le calcul, d'une autre dénomination. On s'exprimait souvent en mon-

naie de compte, monnaie fictive, qui n'était, comme aujourd'hui, qu'une manière de compter. Ainsi, toutes les fois que l'histoire nous parle de monnaies sous le nom de livres, nous n'avons qu'à examiner ce que valait la livre, au tems et dans le pays dont on parle, et la comparer à la valeur de la nôtre, en ayant égard à la baisse produite par la découverte des mines de l'Amérique, qui est de 4 à 1 pour l'argent, et de 3 à 1, seulement, pour l'or. Il convient d'examiner attentivement ces rapports; sans quoi on aurait une idée très-fausse des forces des anciens états, de leur commerce et de toutes leurs économies (1).

Quoique Charlemagne ne sût point écrire, et que les monnaies de son règne, conservées dans nos cabinets, paraissent frappées d'une manière très-grossière, son génie, planant sur l'avenir, jeta les fonde-

---

(1) Voyez sur cette importante matière, le *Traité d'Économie Politique* de M. Say, liv. 1, chap. 21, paragr. 7; et l'*Essai sur les Monnaies,* par Dupré de St.-Maur.

mens de la grandeur nationale. Des envoyés spéciaux, sous le nom de *missi do-
minici*, parcouraient toutes les provinces,
et lui rendaient un compte exact et régulier des besoins et de la situation des
peuples. Ses Capitulaires sont empreints
d'un esprit de sagesse et de prévoyance
admirable. Alcuin, Pierre de Pise, Egin-
hard, étaient appelés dans ses conseils.
Le calife Haroun-al-Raschid lui envoyait,
en signe d'estime, une horloge sonnante,
prodige d'industrie pour ce tems-là. On
comptait alors par nuits dans toute l'Europe, et l'on trouve une trace de cette
méthode en Angleterre, où l'on se sert encore de l'expression *fort night*, quatorze
nuits, pour dire quinze jours. La langue
romance, formée d'un mélange de latin et
de tudesque, caractérisait la société nouvelle. La révolution dans les mœurs, an-
noncée au chapitre précédent, était accomplie.

　　Nous sommes heureux que la nature de
cet ouvrage nous dispense de parler des
jugemens de Dieu, des combats à ou-
trance, du tarif établi pour acheter l'im-

punité de tous les crimes, et des autres abus de l'époque. Ils dépendaient d'un système qui a exercé sur l'industrie, sur le commerce et sur l'agriculture une trop longue et trop fatale influence pour être passé sous silence : je veux dire la féodalité. Ce fut comme la réunion de tous les fléaux. Le paysan, déshérité du sol de ses pères, appartint à des maîtres inflexibles, paresseux, ignorans ; il était obligé de marcher jusqu'à la distance de cinquante lieues avec leurs charrettes, quand ils en donnaient l'ordre ; il travaillait pour eux trois jours de la semaine, et il leur devait la moitié du produit des trois autres jours. Il ne pouvait pas non plus changer de demeure ni se marier sans leur consentement. Et comment en aurait-il eu la pensée, puisqu'il lui restait à peine de quoi vivre lui-même ! L'abbé Alcuin possédait jusqu'à vingt mille de ces esclaves nommés *serfs*, attachés pour toujours à la glèbe. Voilà la grande cause de la dépopulation rapide que nous observons dans le moyen âge, et de la quantité innombrable de monastères qui s'élevèrent de toutes parts.

4.

Ce devait être, en effet, une grande con-
solation pour des hommes aussi misérables,
que de trouver, dans les cloîtres, une retraite assurée contre la tyrannie. Mais
aussi, jamais l'espèce humaine n'avait
reçu un plus sanglant affront, et l'industrie une blessure plus capable de replonger
la terre dans les ténèbres des premiers
âges. Il suffit de dire que le bruit de la
fin du monde, répandu, vers ce temps,
par des moines avides (1), fut accueilli
sans épouvante !

Heureusement, cette lueur de civilisation qui nous a maintenus en Orient sur
les traces du commerce éteint dans l'empire romain, nous apparaît en Italie. Des
seigneurs particuliers partageaient tout le
pays depuis Rome jusqu'à la mer de la Ca-
labre. Florence, Milan, Pavie, se gou-
vernaient par leurs magistrats, sous des
comtes ou sous des ducs nommés par les

_____

(1) Chacun s'empressait de leur donner ses
biens pour s'assurer la vie éternelle. Plusieurs
chartes de donation commencent par ces mots :
Adventante mundi vespero, la fin du monde
étant près d'arriver, etc., etc.

empereurs. Gênes, long-temps aussi gouvernée par des comtes, s'élevait au-dessus
de ces villes par son commerce maritime
et par son industrie. Elle fut en état de
reprendre l'île de Corse sur les Arabes
qui s'en étaient emparés. Venise, moins
ancienne qu'elle, affectait le frivole honneur d'une plus ancienne indépendance,
et jouissait de la gloire solide d'une puissance bien supérieure. Après avoir mis sa
liberté sous la protection des tempêtes,
elle recourut au commerce pour s'assurer
une existence, et le commerce lui donna
le monopole du monde. Tandis que les
barons d'Allemagne et de France bâtis-
saient des donjons et opprimaient les peuples, Venise attirait leur argent en leur
fournissant les produits de l'Orient. La
Méditerranée était couverte de ses vaisseaux, et elle s'enrichissait de l'ignorance
et de la barbarie des nations septentrionales de l'Europe.

Pendant ce tems, des gentilhommes de
Coutances fondaient le royaume de Naples
et de Sicile, et Guillaume-le-Conquérant
s'emparait de l'Angleterre, long-tems

désolée par les Anglo-Saxons, ses premiers
vainqueurs, et par les Danois, ses usurpateurs nouveaux. Il partit du port de Saint-
Valery en Caux, le 14 octobre 1066, avec
une flotte nombreuse, composée de Normands. On peut dire qu'il lui suffit de
paraître pour vaincre : une victoire le conduisit à Londres, et il fut roi. La Moscovie avait commencé à connaître le
christianisme, et n'en avait pas plus
d'importance ; la Suède, idolâtre, n'en
avait pas du tout ; la Pologne conservait les
mœurs des Sarmates ; l'Espagne était partagée entre les chrétiens et les musulmans ;
le gouvernement féodal était établi partout ; la chevalerie était à la mode ; la
maison de Maurienne, souche des ducs
de Savoie, venait de s'établir ; les Suisses,
démembrement de la Bourgogne, obéis-
saient aux baillis nommés par les empereurs.

Tel était l'état de l'Europe, lorsqu'un
événement, le plus extraordinaire, peut-
être, dont l'histoire fasse mention, accé-
léra le commerce de l'Italie et la marche
de la civilisation. L'esprit belliqueux des

Européens, enflammé par le zèle religieux, leur inspira le dessein d'enlever la Palestine aux infidèles. Des armées immenses, formées de toutes les nations de l'Europe, se rendirent en Asie pour exécuter cette entreprise extravagante. Les Gênois, les Pisans et les Vénitiens leur fournirent des vaisseaux de transport, des vivres et des munitions. Indépendamment des sommes immenses qu'ils reçurent, ils obtinrent des privilèges et des établissemens considérables dans les colonies que les croisés fondèrent dans ces contrées ; mais l'Italie ne fut pas le seul pays où les croisades firent revivre l'esprit de découverte. Les expéditions des croisés en Asie fournirent aux autres nations de l'Europe l'occasion d'observer les mœurs, les arts et l'industrie d'un peuple plus civilisé qu'elles ne l'étaient. Il en résulta des besoins jusqu'alors inconnus ; les grands seigneurs qui avaient vendu leurs terres pour subvenir aux frais du voyage (1), rapportèrent

(1) Voyez l'excellent ouvrage de Heeren, *Essai sur l'influence des croisades*, 1 vol. in-8,

le goût du luxe et des frivolités; les soldats qui les avaient suivis, et qui avaient
pu échapper au glaive des Sarrasins ou à
l'influence du climat, revinrent avec la
lèpre, que le défaut de linge et la malpro-
preté de ces tems malheureux multiplièrent d'une manière effrayante. Il fallut
établir des hôpitaux pour la foule des misérables qui en étaient atteints. La morale
n'avait pas beaucoup gagné non plus aux
orgies dont les croisés avaient donné le
scandale, dans le temple même de Sainte-
Sophie, à Constantinople (1).

Cependant les communications régulières établies entre la Palestine et le reste

---

traduit de l'allemand; et leur histoire, par
M. Michaud.

(1) La décence permettrait à peine de traduire
ce passage, littéralement extrait par Fleuri, de
Nicétas, historien contemporain:

« *Uno consensu omnia summa scelera et pia-*
» *cula omnibus ex æquo studio. In templis*
» *erant querelæ, fletus, mulierum lacerationes,*
» *stupra. Abominationem et desolationem in*
» *loco sancto vidimus meretricios sermones ro-*
» *tundo ore proferentem.* »

de l'Europe, avaient imprimé au commerce une activité extraordinaire. En France, les paysans débarrassés du joug des seigneurs, et devenus propriétaires, s'occupèrent avec ardeur de l'agriculture. Saint Louis supprima les prohibitions qui ruinaient les cultivateurs, persuadé que la liberté des exportations ferait rentrer dans l'état les trésors que son imprudente expédition en avait fait sortir. Ce fut lui qui introduisit le premier, dans le système du gouvernement, le commerce, abandonné jusqu'alors au hasard et aux exactions des gens du fisc. On défendit la sortie des laines, que les nations voisines venaient acheter pour les mettre en œuvre. C'était l'économie politique du tems.

Les lettres, qui donnent des historiens au commerce, paraissent également avoir gagné aux croisades. L'imagination tempérée des Européens s'était réchauffée sous le ciel ardent de la Syrie, et elle rapportait quelques débris de ces sciences que les Arabes avaient comme pillées, avec le reste, dans le cours de leurs expéditions. Les langues austères de toutes les nations chrétiennes ne pouvaient rien perdre, en se modifiant d'après les inspirations d'une poésie harmonieuse, douce et parfumée, si j'ose dire, comme sa contrée natale. En somme, lorsque la fièvre fut tombée, on s'aperçut que deux millions d'hommes avaient péri ; mais les littératures de l'Europe avaient fait provision d'images, et le commerce, de souvenirs.

⁕⁕⁕⁕⁕⁕⁕⁕⁕⁕⁕⁕⁕⁕⁕⁕⁕⁕⁕⁕⁕⁕⁕⁕⁕⁕

CHAPITRE V.

>-9-≺

Du commerce à Gênes et à Venise.

LE grand mouvement que les croisades avaient imprimé à toute l'Europe s'était fait ressentir en Asie. Il y eut dans les XIIᵉ et XIIIᵉ siècles une suite d'émigrations qui ont établi peu à peu de grands empires. Pendant que les croisés fondaient sur la Syrie, les Turcs ou Turcomans, nation nouvelle, l'opprobre de la civilisation moderne, arrivaient des contrées situées au-delà du mont Taurus, et après s'être répandus dans la Moscovie et aux environs de la mer Caspienne, ils avaient paru en Arabie. Leur histoire ancienne est peu connue, et ne mérite pas plus de l'être que celle des bêtes féroces de leurs forêts. Ce sont les mêmes qui furent dépossédés par Gengiskan de leurs conquêtes d'Asie, et que nous verrons consolidés en Europe, par la prise de Constantinople et par leurs victoires sur les Vénitiens. L'Égypte devint la proie des Mamelucks, et vingt usurpateurs déchirèrent la monarchie fondée par Mahomet, tout en se soumettant à sa religion.

Tandis que ces grands événemens se passaient en Orient, l'Italie recueillait les fruits de sa participation aux croisades et prenait une physionomie extrêmement originale. Elle était toute couverte de petites républiques, parmi lesquelles celles de Gênes et de Venise ne tardèrent point à s'élever au rang des puissances les plus considérables. Gênes donna l'élan; située entre l'Italie et la France, elle servait de débouché aux fabriques de la péninsule, et à la France, d'entrepôt pour l'achat des marchandises de l'Inde et de la Méditerranée. Sa principale richesse territoriale consistait dans ses huiles et dans ses carrières de marbre. Elle était déjà une province maritime de beaucoup d'importance, lorsque les croisés mirent le comble à sa fortune, en lui donnant l'entreprise des transports en Palestine. Dans une seule croisade, elle équipa sept flottes. On la vit bientôt, maîtresse du Bosphore et de la mer Noire, établir des colonies à Péra, dans un faubourg de Constantinople, des comptoirs en Arménie, à Caffa, sur les côtes de la mer d'Azoff, et toujours réparer par son commerce les pertes immenses que la guerre occasionnait à ses finances. Elle fait des incursions en Afrique, en Sicile, en Sardaigne, à Chypre; elle y rencontre les Vénitiens, et leur rivalité commence.

Rien n'est plus dramatique que le tableau de la lutte de ces fameuses républiques et de leurs dissensions civiles. La querelle des *Porco* et des *Grillo*, celle de Montalto et de Boccanegra, six combats livrés en quinze jours dans les rues, les édifices d'un quartier détruits par les habitans du quartier opposé, la peste succédant aux horreurs du carnage : voilà l'histoire de Gênes pendant une longue suite d'années. Au milieu de ces fatales

discordes, la marine poursuivait ses succès :
elle gagnait sur les Vénitiens et les Grecs
réunis, une victoire célèbre, dans le canal
de Constantinople, et le poète Pétrarque
publiait une lettre pour réconcilier *les
deux flambeaux de l'Italie.*

Les Français, par leurs invasions continuelles, ont beaucoup contribué à la décadence de Gênes. Maltraitée par Louis XII,
emportée par les Impériaux, après la bataille de Pavie, reprise ensuite par la
France, elle éprouve toutes les vicissitu-
des et les angoisses de ces révolutions vio-
lentes. Elle se donne et cède tour à tour,
presque toujours sans discernement, au
hasard, et selon qu'elle est menacée de
plus près par l'une ou par l'autre des nations belligérantes. Un grand homme,
André Doria, lui rend l'honneur et la liberté, mérite le titre de libérateur de la
patrie et en refuse les prérogatives : c'est
un éclair des tems antiques. Mais la conspiration de Fiesque, les inquisiteurs d'é-
tat, les intrigues de Della Torre et mille
autres circonstances domestiques mettent
régulièrement, et à différentes époques, sa

fortune en péril (1). Entraînée dans la ligue contre Louis XIV, et abandonnée par ses alliés, elle se voit forcée, après un bombardement terrible, d'envoyer son doge à Versailles pour demander pardon au roi de France. En 1746, le marquis de Botta s'en empare à la tête des troupes impériales, et lui impose une contribution de 24 millions. La banque de Saint-Georges, qui était administrée en grande partie par les principaux du peuple, se résigne au sacrifice, quand, tout-à-coup, ce peuple en apparence si docile, indigné de l'outrage fait à un simple citoyen par un soldat ennemi, se soulève comme une mer agitée, égorge une partie de la garnison et met le reste en fuite.

La révolution française devait agir vivement sur des hommes de cette trempe; elle y fut accueillie avec enthousiasme : Masséna leur fit faire connaissance avec elle. Dans cette communauté de périls et de souffrances, les Génois se montrèrent

_____

(1) Voyez Stella, *Annales de Gênes.*

5.

dignes de leur ancienne gloire; mais de
quoi leur a servi cette gloire? Leur a-t-
elle rendu le commerce, source des pros-
pérités durables?

Tels sont les fastes de cette étonnante
cité, qui, jetée sur un rivage aride, a créé
la navigation moderne et balancé la fortune des plus puissans empires. Le commerce y a prospéré, comme par miracle,
au milieu des troubles continuels de la
guerre civile et de la guerre étrangère; et
des établissemens coloniaux, magnifiques,
sont partis plus d'une fois, tout armés,
de son port teint de sang. Tant il est
vrai que la persévérance et l'activité sont
la seule source de la prospérité des peuples, les seuls véritables élémens de leur
durée! Gênes n'a succombé qu'en cessant
de travailler (1); car les républiques voi-

---

(1) On doit mettre aussi au rang des causes
qui ont hâté sa décadence, le despotisme qu'elle
a fait peser sur toutes ses colonies, et qui n'a
pas peu contribué à les détacher d'elle; le passage suivant d'un acte d'amnistie publié en 1738,
en pourra donner une idée : « Vietiamo al
» nostro general governatore in detta isola di

sines des monarchies sont comme des sentinelles en face de l'ennemie : celle qui s'endort est perdue.

Venise, il faut se hâter de le dire, a contribué de toutes ses forces, à la chute de Gênes. Cette république, la plus extraordinaire de toutes, par la position de sa capitale, le caractère de son gouvernement et les progrès rapides de sa puissance, avait été fondée, comme on sait, par des fuyards échappés à l'invasion des barbares. Dépourvus de territoire, ils durent chercher dans le commerce les moyens d'exister, et bientôt ils lui demandèrent le moyen d'être riches. Leur marine les mit en rapport avec toute la Méditerranée ; leurs traités avec les soudans d'Égypte leur ouvrirent le port d'Alexandrie et la route de l'Inde ; les croisades leur valurent de l'argent et des terres. Ils se firent

---

» condannàre in avvenire solamente *ex informatâ* » *conscientiâ* persona alcuna nazionale in pena » afflittiva. Potrà ben si far arrestare ed incarcerare le persone che gli saranno sospette ; salvo di renderne poi a noi sollecitamente. » Que devait-ce donc être avant l'amnistie. ?

d'abord payer 85 mille écus d'or pour transporter l'armée, et ils se servirent ensuite de cette armée même à laquelle ils joignirent cinquante galères, pour tenter des conquêtes en Dalmatie. Dès-lors Venise appuya son commerce par la guerre. Il fallut s'adresser à elle préférablement à tous les souverains. Elle s'était mise en état d'équiper des flottes que les rois d'Angleterre, d'Allemagne et de France n'auraient pas pu fournir.

Après la prise de Constantinople par les croisés, les Vénitiens se donnèrent le Péloponèse, l'île de Candie et plusieurs villes des côtes de Phrygie qui n'avaient point subi le joug des Turcs. C'était une belle chaîne de comptoirs que celle qui s'étendait ainsi du fond de l'Adriatique à la mer Noire. Ils en profitèrent pour accroître leurs relations avec l'Inde, et se perfectionner dans la connaissance de tous les procédés relatifs à la culture de la soie. Le Péloponèse, couvert de mûriers, porta le nom de Morée. Les étoffes de soie se multiplièrent rapidement; des manufactures de draps et de glaces s'établirent de toutes parts. La bijouterie, les cristaux, la thériaque, les essences, les fabriques de dentelle, de savon, de velours, les teintures en écarlate, rendirent leur commerce immense. Pise et Florence faisaient la banque, et devenaient si habiles dans cette branche d'industrie, qu'en Europe on les chargeait de la perception et de l'administration des fonds publics. L'Italie n'avait jamais été plus commerçante.

La prise de Constantinople, par Mahomet II, bouleversa tous les établissemens que les Génois et les Vénitiens avaient fondés dans l'Hellespont et dans la mer Noire; mais elle développa une grande activité parmi ces derniers. Jamais peut-être ils n'en donnèrent des preuves plus remarquables qu'à l'occasion des premières découvertes des Portugais, et de leur passage par le cap de Bonne-Espérance. Ce fut pour les Vénitiens un coup de foudre. Occupés, depuis la perte de leurs comptoirs du Bosphore, à tirer parti de leurs nouvelles relations avec l'Egypte, ils faisaient venir les marchandises de l'Inde par la mer Rouge et par Alexandrie ; les Florentins, les Génois, les Catalans de Barcelone profitaient du même entrepôt. Tout-à-coup, on apprend qu'une route inconnue est découverte, et que les Portugais ont paru à l'embouchure du golfe d'Arabie : Venise prévoit le sort de son commerce, et elle emploie toutes ses ressources pour conjurer l'orage. Des émissaires sont adressés aux Arabes pour les engager à repousser les Portugais ; un arsenal de construction est établi à Suez ; les matériaux y sont envoyés de Venise même, et transportés sur des chameaux depuis le Caire jusqu'à la mer. Mais le génie d'Albuquerque rendit ces préparatifs inutiles. Venise cessa d'être le centre du monde commerçant. Elle avait fait neuf guerres aux Génois avant de les supplanter ; elle fut supplantée à son tour, « et jetée, dit Montesquieu, dans un coin du monde où elle est restée. »

Pendant ce tems, l'Europe, jalouse de sa puissance et soulevée par le pape Jules II (1), se réunit contre elle, et or-

_____

(1) Les Vénitiens disaient : *Siamo Veneziani*

ganise la fameuse ligue de Cambray. Il n'y avait guère de rois qui ne pussent re-demander quelque territoire à ces républicains. Les Turcs seuls, leurs ennemis naturels, ne leur demandèrent rien, et ne donnèrent pas, cette fois, le spectacle curieux de leur alliance avec le pape contre une population chrétienne. Venise était aussi riche qu'eux tous. Elle se confia dans cette ressource, et surtout dans la désunion qui se mit bientôt entre tant d'alliés. Il ne tenait qu'à elle d'apaiser Jules, qui était l'ame de la ligue : mais elle aima mieux braver la tempête ; et quoique, dès le principe, la bataille d'A-gnadel lui ait été funeste, elle ne succomba point encore. Sa perte la plus sensible fut celle de Trieste, qui est restée, depuis, à la maison d'Autriche.

.Dès ce moment, la république fut reconnue vulnérable, et la puissance mahométane qui allait toujours croissant dans la Méditerranée, pesa sur elle plus que ja-

---

e poi Cristiani, nous sommes Vénitiens d'abord, et chrétiens après.

mais. Les Turcs lui enlevèrent l'île de
Chypre, et, par une barbarie digne d'eux,
ils firent écorcher vif le sénateur Braga-
dino, gouverneur de Famagouste. Mais les
Vénitiens, après ce désastre, commerçant
toujours avec les Turcs, et osant toujours
être leurs ennemis, demandèrent des secours à tous les princes chrétiens que
l'intérêt commun devait réunir. Pie V et
Philippe II s'unirent à eux, et cinq mois
après la prise de Chypre, un armement
de deux cents galères, six grosses galéas-
ses, vingt-cinq vaisseaux de guerre et
cinquante bâtimens de transport, partit
des ports de la Sicile sous le commandement du fameux don Juan d'Autriche,
bâtard de Charles-Quint. Sébastien Ve-
niero était à la tête de la division véni-
tienne qui composait la moitié de la flotte,
avec les vaisseaux du pape.

Cette armée navale rencontra l'armée
ennemie, aussi forte qu'elle, vers le fond
du golfe de Lépante, et gagna la mémorable bataille de ce nom. L'amiral turc,
Ali, fut pris à bord de sa galère, et sa tête
fut arborée sur son propre pavillon, en

représailles de l'assassinat du gouverneur de Famagouste. Mais la victoire n'eut point de résultat. Venise ne recouvra aucune partie de son territoire. La flotte de Selim reprit Tunis et en extermina tous les chrétiens. Alger, Fez, Tripoli passèrent sous la domination mahométane : on eût dit que les Turcs avaient vaincu à Lépante.

Malgré sa décadence sensible, Venise conservait encore l'île de Crète qu'elle avait achetée des princes latins. Cette île, si célèbre dans l'antiquité par ses lois, par ses arts et par ses fables, avait déjà été conquise par les mahométans arabes au commencement du ixe siècle. Les Vénitiens y avaient bâti Candie qui, depuis, donna son nom à l'île entière. Sous un prétexte de mécontentement dont l'histoire n'a pas établi la vraisemblance, les Turcs abordèrent à la Canée, s'établirent dans l'île et commencèrent le siége de Candie qui a beaucoup d'analogie avec celui de Troie. Jamais Venise n'avait montré plus de résolution et de courage ; le trésor de Saint-Marc fut épuisé à lever des soldats ; l'illustre Morsosini et Montbrun de Saint-André, officier français, commandant les troupes de terre, s'y couvrirent de gloire : mais il fallut céder, et le grand-visir Cuprogli prit possession d'un monceau de cendres qui avait coûté aux Turcs, de leur propre aveu, la perte de deux cent mille hommes, c'est-à-dire l'équivalant de la population de l'île.

Venise était frappée au cœur, et depuis cette époque jusqu'en 1715, qu'elle perdit le Péloponèse et les îles, son influence est presque nulle en Europe. Les découvertes des Portugais et celle des Espagnols avaient fait prendre à la navigation deux directions nouvelles, et le marché du monde s'était trop aggrandi pour laisser quelque importance à l'orageuse Adriatique. Venise recueillait, d'ailleurs, les fruits de son gouvernement épouvantable. L'inquisition d'état (1) menaçait, de sa *bouche de fer*, l'honneur et la vie des citoyens : immorale et sanguinaire, elle n'admettait de preuves que le soupçon, et de

---

(1) Daru, *Histoire de Venise.*

peine que la mort. Elle était réduite, comme les tyrans, à vivre toujours dans les alarmes; elle punissait le port d'armes comme un crime capital; de sorte qu'il n'était pas plus fatal d'en abuser que de les porter, et de conspirer que d'être accusé de conspiration. Le commerce a dû fuir cette terre maudite, où il n'avait long-tems prospéré que par un concours inouï de circonstances; où le métier de courtisane était une profession honorée, et l'hypo-crisie, une vertu d'état. Quand la révolu-tion française atteignit ce colosse, il s'évanouit comme un fantôme devant elle. Une vieille aristocratie sans courage crut imiter les grands hommes de la république, en faisant assassiner nos soldats, et en sonnant les vêpres siciliennes : mais ce fut le triste et dernier effort de sa décré-pitude. Une division de l'armée française parut sur la place Saint-Marc, fit des-cendre de leur piédestal ces chevaux de Corinthe, monumens d'une gloire éclip-sée; et comme le sang de nos soldats exigeait une vengeance, on donna Venise aux Autrichiens. Le destin lui réservait

l'opprobre de prêter le reste de ses vaisseaux à la cause impie des mêmes Turcs
contre lesquels elle avait combattu plus de
cent ans.

Ainsi finit cette république, après avoir
donné au commerce une impulsion vaste
et rapide, et fait respecter son nom dans
toute l'Europe. La découverte de la boussole par Flavio Gioja, dans le XIIIe siècle,
et la relation des voyages de Marc-Paul,
qui la précéda, contribuèrent sans doute
à développer en elle le génie créateur de
sa fortune : mais les villes de Pise, de
Lucques, de Rome, de Naples et de Florence, et toutes celles qui cultivaient les
arts n'ont pas eu moins de droits à sa
reconnaissance. La peinture, la sculpture,
la poésie, la musique, reines des arts, furent pour quelque chose dans les nombreux échanges que les nations étrangères
venaient faire en Italie. La gravure en es-
tampe, inventée à Florence, et l'imprimerie, originaire d'Allemagne, y devinrent
la base d'un commerce assez étendu. Les
Médicis étaient des négocians. Laurent
entretenait des facteurs dans le Levant, et

recevait des ambassadeurs; il résistait au
pape, cultivait les lettres, accueillait les
savans réfugiés de Constantinople, et faisait de sa patrie une nouvelle Athènes. La
Mirandole, Politien, Lascaris, Chalcondyle, réunis autour de lui, rappelaient et
surpassaient peut-être les sages de la Grèce.
Brillante époque, où le commerce avait
pour cortége tout ce qu'il y a de plus
noble et de plus honorable parmi les
hommes !

6*.

CHAPITRE VI.

Des villes anséatiques.

PENDANT que les républiques italiennes
faisaient le commerce du midi, quelques
villes du nord s'unissaient, à la fin du XIIe
siècle, pour la défense du leur, et rapprochaient la mer Baltique de la Méditerranée.
Sans cesse menacées par les pirates qui
infestaient leurs côtes, et par les seigneurs
des châteaux qui désolaient leurs grands
chemins, elles formèrent une vaste confédération connue sous le nom de *Grande
hanse*, ou de société teutonique, qui se
donna un grand-maître et s'érigea en république. Hambourg, Lubeck et Brunswick
en furent les principales cités. Elles établirent des magasins immenses où les marchands de l'Allemagne venaient s'appro-

visionner de denrées étrangères, et dé-
poser les produits de leur industrie, qui
étaient exportés par les navires de la confédération. Ce fut le premier plan systé-
matique de commerce adopté dans le
moyen âge. Bientôt le succès en fut si considérable que les principales villes du nord
voulurent y prendre part, et elles entrèrent dans la ligue. On en compta jusqu'à quatre-vingts, depuis Riga jusqu'à
Francfort : elles se divisèrent en quatre
classes, présidées, chacune, par une ville
importante. Lubeck, la première de toutes,
dépositaire du trésor et des archives de
l'union, était aussi la capitale de la première classe ; Cologne le fut de la seconde,
Brunswick de la troisième, Dantzick de
la quatrième ; celle-ci comprenait Berg-
hen en Norwège, Riga et Revel en Li-
vonie.

Ainsi organisées, les villes anséatiques
donnèrent la plus grande extension à leur
commerce. Elles établirent des relations
régulières avec le midi, par la Flandre et
par l'entrepôt de Bruges. Les Lombards et
les peuples d'Italie y envoyèrent leurs pro-

duits et les marchandises de l'Inde qui se
répandaient de là par toute l'Allemagne.
En échange, la ligue anséatique leur portait du hareng. Le poivre, le girofle et la
cannelle n'ont pas donné plus d'activité à
la marine des Portugais et des Hollandais
que la pêche de ce poisson grossier n'en
a communiqué à la navigation des villes de
la grande hanse. L'Europe chrétienne,
fidèle observatrice des jeûnes et des ca-
rêmes, se trouvait heureuse d'échanger
son or et ses richesses pour un aliment
aussi misérable; et les pêcheurs de la Baltique embellissaient leurs maisons de tout
le luxe de l'Italie, tandis que cette même
Italie consommait leurs harengs. Les ports
de l'union furent aussi fréquentés que
ceux de plusieurs villes du midi, et ils gagnèrent beaucoup par leur commerce avec
les Hollandais. L'Allemagne, sûre de ses
débouchés, exporta les toiles, les coutils,
les fils de Silésie, l'azur de Saxe, les faulx
et les faucilles de Francfort, l'arsenic, le
plomb et l'antimoine de Hongrie, les fers
de la Suède, les chanvres, la cire, la
rhubarbe, les peaux de la Russie. La con-

fiance s'établit, les billets d'une ville anséatique étaient payés sans difficulté dans les autres, et tous les affluens de la Baltique se couvrirent de vaisseaux attirés par la prospérité de l'union.

Hambourg, sur l'Elbe, à 18 lieues de la mer, s'éleva promptement au rang des villes de commerce du premier ordre. Ses fabriques de velours, ses toiles imprimées, ses nombreuses raffineries de sucre, ses ateliers pour la préparation des viandes salées, des approvisionnemens de la marine, ses grands magasins de bois de charpente et de construction, furent autant de branches d'industrie qui contribuèrent à sa fortune. Lubeck, Brême, Dantzick eurent peu de chose à lui envier. Mais, pour leur malheur, les chevaliers de l'ordre teutonique n'ayant pas su conserver la paix, malgré les priviléges qu'ils avaient obtenus dans les états voisins, compromirent l'existence de la société par leurs guerres avec la Prusse, la Suède et les princes de l'Empire. Trois villes seules ont survécu aux démembremens successifs de la confédération, et conservent encore de nos jours le titre d'anséatiques.

L'Allemagne doit à ces vieilles cités la naissance de son commerce et les franchises municipales dont jouissent plusieurs de ses villes modernes. Elles avaient répandu l'esprit de liberté dans tout le nord de l'Europe, et pendant les longues guerres qui ont si souvent désolé ces contrées, elles seules, tranquilles au milieu des révolutions, se sont toujours présentées pour en réparer les ravages. Ainsi, dans tous les tems, il était réservé au commerce de ramener à leur véritable destination les nations industrielles, en les sauvant ou en les guérissant de leurs propres excès.

CHAPITRE VII.

Découvertes des Portugais dans les Indes.

MALGRÉ l'impulsion donnée à l'esprit de découvertes par les croisades et par la marine de Venise et de Gênes, on peut dire que la navigation n'était guère plus avancée au commencement du xvᵉ siècle, que lors de la chute de l'empire romain. Les hommes sortirent enfin des limites étroites où leur ignorance et leur timidité les avaient si long-temps retenus, et pour la première fois, armés de la boussole, ils conçurent un plan régulier de recherches qui ouvrit un champ immense à leur courage et à leur industrie. La gloire d'entrer dans cette brillante carrière était réservée aux Portugais, situés à l'extrême frontière de l'Europe. Les guerres continuelles qu'ils eurent à soutenir contre les

mahométans avaient ranimé chez eux cet
esprit belliqueux et entreprenant qui dis-
tingua toutes les nations du moyen âge.
Leurs côtes étaient parsemées de ports
spacieux et commodes, et la mer qui les
bordait dans toute leur longueur, avait dû
familiariser leurs regards avec le spectacle
des tempêtes. Cependant, malgré le voisinage de l'Afrique, jamais ils n'avaient osé
doubler le cap *Non*, et cette dénomination
indique assez qu'ils désespéraient de le
franchir. Un effort qui parut surnaturel
dans le tems, conduisit les plus hardis jusqu'au cap Boyador, et augmenta leur désir
de pousser plus avant. Le prince Henri
de Portugal, qui avait cultivé avec ardeur
l'étude des sciences exactes et réuni autour
de lui tout ce qu'il avait pu trouver d'habiles astronomes et de savans géographes,
encouragea ces entreprises naissantes,
et il fit partir une petite escadre de trois
vaisseaux avec ordre de cingler vers le sud.
Cette escadre découvrit l'île de Madère (1),

---

(1) Du mot portugais *Madeira*, qui signifie
bois, parce qu'elle en était couverte.

qui était couverte de bois et inhabitée.
Une seconde expédition y amena des colons, des grains, des plantes, des animaux domestiques : on y planta des vignes
apportées de Chypre, et des cannes à sucre
tirées de la Sicile. Ces cannes, transplan-
tées depuis dans les îles de l'Amérique,
ont fourni du sucre à toute l'Europe.

Le cap Boyador fut doublé, on passa
le Tropique, on découvrit le Sénégal, et
la côte depuis le cap Blanc jusqu'au cap
Vert. Presque tout ce pays était sous la
dépendance des empereurs de Maroc.
Lorsqu'on eut pénétré au-delà du Sénégal, on fut surpris de voir que les hommes étaient entièrement noirs au midi de
ce fleuve, tandis qu'ils étaient de couleur
cendrée au septentrion : on avait trouvé
cette mine de nègres que l'Europe a exploitée, par la suite, avec autant de barbarie que les mines d'or de l'Amérique.
Jusque-là, cependant, les découvertes des
Portugais étaient plus curieuses qu'utiles.
Il fallait peupler les îles, et le commerce
des côtes occidentales d'Afrique ne produisait pas de grands avantages. On ren-

1447.

7

contra de l'or sur les côtes de Guinée,
mais en petite quantité, sous le roi Jean II.
C'est de là qu'est venu le nom de *Guinée*
que les Anglais donnèrent aux monnaies
frappées avec l'or du pays.

1471.   Les Portugais passèrent enfin la ligne,
et virent, les premiers, un nouveau ciel et
de nouvelles étoiles. Effrayés des ardeurs
de la zone Torride et de la couleur des nègres, ils se rappelèrent de vieilles erreurs
sur l'action des rayons du soleil, et ils crai-
gnirent de devenir noirs, à leur tour,
comme les Africains. Les grands du
royaume ne manquèrent pas d'exagérer ces
prétendus dangers, et de prouver qu'il
était insensé de chercher des contrées qui
n'existaient pas. Mais la constance d'Em-
manuel l'emporta ; le cap des Tourmentes,
que d'heureux et justes pressentimens firent nommer le cap de Bonne-Espérance,
indiqua la route de l'Inde. Covilham ayant
visité, par la voie d'Égypte, les côtes de
Malabar et de Zanguebar, et appris à Sofala,
par des Arabes, la possibilité de la circum-
navigation de l'Afrique, sur son avis, une
1486.   flotte de quatre vaisseaux, commandée par

Vasco de Gama, double le Cap, remonte vers l'équateur par des mers inconnues, et trouve, à Sofala, les mêmes Arabes qui avaient éclairé Covilham. Des pilotes mahométans terminèrent le voyage en la conduisant au royaume de Calicut, dans les grandes Indes.

1497-98.

Cette immortelle expédition venait de changer le commerce de l'Ancien Monde. Le bruit s'en répandit bientôt dans toute l'Europe, et mit le comble à la gloire que les découvertes précédentes des Portugais leur avaient méritée. Déjà, sur le bruit de leurs premiers voyages, une foule d'aventuriers génois et vénitiens, marins habiles, s'étaient présentés au prince Henri, pour lui demander du service. Le pape avait donné sa sanction, alors nécessaire, à toutes ses conquêtes, et il avait interdit aux puissances de la chrétienté de troubler les Portugais dans la jouissance d'un bien si justement acquis. Il fit plus : il leur accorda, en vertu de la plénitude de son autorité apostolique, le droit exclusif de commander dans tous les pays qu'ils dé-

couvriraient depuis le cap Non jusqu'aux
rivages de l'Inde.

Arrêtons-nous un instant pour observer les conséquences de ce grand événement. Venise, la première, en éprouva le
contre-coup, et son génie épuisa tous les
moyens d'y résister. Elle proposa aux
soudans de couper l'Isthme de Suez, et
nous avons vu qu'elle avait envoyé dans
la mer Rouge, une flotte toute faite, par
Alexandrie, le Caire et le désert, pour
arrêter la navigation des Portugais. La
prise de Socotora et les difficultés inséparables de la section de l'Isthme et du transport des matériaux nécessaires à l'arsenal
de Suez, rendirent ces efforts inutiles. La
route d'Alexandrie qui avait fait la fortune
des Ptolémées, des Romains, des Arabes,
des soudans et des Vénitiens, fut abandonnée. L'Europe en retira, pour le moment surtout, d'immenses avantages. Sans
cette révolution, elle était envahie par la
religion mahométane avec ses funestes
principes. La prise de Constantinople, en
1453, celle de Chypre et de Candie, et

le siége de Vienne, avaient prouvé de quoi
le fanatisme était capable. La civilisation
courait les plus grands dangers s'il n'était
contenu ; et les Portugais le continrent.
Ils avaient noblement résisté à la valeur
des Maures avant de parvenir à leur fermer l'entrée de l'Europe par l'Occident ;
ils furent plus heureux encore en arrêtant
la marche des Arabes du côté de l'Orient.
L'Angleterre se déchirait alors pour la liberté ; l'Allemagne, pour la religion ; la
France s'épuisait en Italie, et l'Italie se
battait pour le choix de ses maîtres. Qu'aurait-on pu opposer à ces armées de deux
ou trois cent mille fanatiques que le mahométisme mettait si aisément en campagne ?

Ces considérations donnent encore plus
d'importance à la découverte du Cap, qu'à
celle du Nouveau Monde, qui la suivit de
près. Dans le Nouveau Monde, il n'y eut
point à combattre : sur la route des Indes,
il fallut combattre à chaque instant les
rois de Calicut, d'Ormus, de Siam, les
Vénitiens et la flotte du soudan d'Égypte.
Mais la destinée réservait aux Portugais,

pour accomplir leurs brillantes entreprises, une foule de génies tels que les grandes circonstances en font naître chez tous
les peuples, tels qu'on en vit au siècle de
Léon X, tels qu'en ont produits le siècle
de Louis XIV, le réveil de la Hollande et
la révolution française. Albuquerque, le
1510. plus illustre de tous, s'empare d'Ormus
et de la navigation du golfe Persique; il
s'établit à Goa, jadis si magnifique, aujourd'hui si désolée (1), et trouvant les
Arabes maîtres du commerce, il en fait
bientôt passer le sceptre entre les mains
de sa patrie. Des alliances habilement con-
tractées avec de petits souverains du pays,

---

(1) «Goa *la Dorée*, comme on l'appelait jadis,
n'existe plus ! Goa où le vieux Gama termina sa
glorieuse carrière, où souffrit et chanta Camoëns ! ce n'est plus aujourd'hui qu'une grande
sépulture que, l'herbe recouvre entièrement ;
et cette faible et lugubre population de prêtres
et de religieux que vous y rencontrez, ne semble
avoir été épargnée que pour célébrer l'office des
morts, sur les restes de ses générations éteintes. »
Esquisses de l'Inde, par un officier anglais,
in-8º, Londres, 1824.

mettent les points essentiels des côtes dans
la possession des Portugais : ils y bâtissent
des forts et jettent les fondemens de leurs
établissemens. L'île de Ceylan, l'ancienne
Trapobane', ne résiste point à leurs armes : ils y trouvent l'ivoire et la cannelle.
Entraînés par l'ivresse du succès, ils con-
tinuent leur route et négligent la côte de
Coromandel ; ils abordent à Malacca,
voient ce peuple affreux sous un ciel enchanteur, et s'arrêtent, avides de gloire et
de richesses, au milieu du plus bel entrepôt de l'Asie.

Le port de Malacca était devenu, par sa
situation, le grand marché de l'Inde. On
y voyait des vaisseaux du Japon, de la
Chine, des Philippines, des Moluques et
des côtes de l'est moins éloignées : les autres s'y rendaient du Bengale, de Coromandel, du Malabar, de Perse, d'Arabie
et d'Afrique. Les Portugais voulurent
prendre part à ce commerce immense : ils
se montrèrent d'abord en simples négo- 1512.
ciaus, bientôt en ennemis, et finalement
en vainqueurs. La ville tomba en leur pouvoir, et cette conquête leur valut la sou-

mission des rois de Siam, de Pégu et des
contrées voisines. Une escadre détachée de
leur flotte se rendit immédiatement après
aux Moluques, et s'en empara. Une autre,
sous le commandement d'Albuquerque,
partit pour la Chine, et découvrit ce vaste
empire dont on nous a débité tant de fables et prouvé tant de choses extraordinai-
res. Les Portugais y furent d'abord très-
bien reçus; mais leurs brigandages qui
augmentaient en raison de leur puissance,
les en firent bientôt chasser, et ils ne re-
couvrèrent la confiance des Chinois, qu'a-
près leur avoir rendu un service éminent,
en les aidant à la destruction d'un pirate
qui s'était enfermé dans Canton. L'empereur reconnaissant, leur donna l'île de
Macao, où le poète Camoëns écrivit la
Lusiade. Cette île devint leur entrepôt
pour le Japon où ils furent jetés, en 1542,
par un ouragan. Ils venaient d'atteindre
la limite du monde à l'Orient, et l'on eût
dit que la fortune avait fait servir les tempêtes à leur gloire, pour que rien ne
manquât à cette majestueuse épopée.

En moins de cinquante ans, les Portu-

gais avaient découvert cinq mille lieues de
côtes, et ils étaient devenus les maîtres
du commerce par l'océan Éthiopique, et
par la mer Atlantique. Vers l'an 1540,
ils avaient formé des établissemens considérables depuis les Moluques jusqu'au
golphe Persique, dans une étendue de
soixante degrés de longitude. Ils étaient
les maîtres de la Guinée, de l'Arabie, de
la Perse et des deux presqu'îles de l'Inde.
Ils régnaient aux Moluques, à Ceylan,
dans les îles de la Sonde, et leur établissement à Macao leur assurait le commerce
de la Chine et du Japon. La route du Tage
au Gange était fréquentée.

L'Europe éprouva bientôt, dans ses
mœurs et dans ses habitudes, une révolution remarquable. Ce n'était pas la gloire
de ces grands navigateurs, Barthélemy
Diaz, Vasco de Gama, Albuquerque,
Cabral et Covilham, qui excitait son enthousiasme ; ce furent plutôt les idées
merveilleuses qu'on répandit sur les pays
nouvellement découverts, et surtout, les
productions de toute espèce que les Portugais en avaient rapportées. Lisbonne vit

accourir dans son port les navires de l'Europe entière, affamée des épiceries de l'Inde. Mille objets précieux, sur lesquels tant de nations ont, depuis, élevé leur fortune, et qui, dans leur nouveauté, avaient une valeur qu'ils ont perdue par la suite, étaient concentrés dans leurs mains. Le monopole les rendait les arbitres absolus du prix des denrées, et des manufactures de l'Europe et de l'Asie. Dans l'espace immense soumis à leur domination, leur volonté était la loi suprême. Ils tenaient sous le joug les terres et les mers. Aucun peuple, aucun particulier, ne pouvait commercer sans leur aveu, et ceux même auxquels ils permettaient cette activité, ne pouvaient l'étendre à la cannelle, au gingembre, au poivre, au fer, à l'acier, au plomb et à l'étain, dont ils s'étaient réservé la vente exclusive. Les manufactures de l'Europe se mirent en mouvement pour suffire, par les échanges, à la consommation des denrées orientales, et la marine de toutes les nations, jusqu'alors retenue dans les limites de nos rivages, prit un nouvel essor. On alla s'égorger aux Moluques pour avoir du poivre et de la cannelle ; le café, le thé dont l'impôt détermina, dans la suite, l'insurrection américaine, le gingembre, le girofle, la muscade, furent des causes de guerres sanglantes inspirées par la rage aveugle du monopole.

Les Portugais employèrent, pour le conserver, les violences les plus atroces ; et quoique, dès le commencement, on les eût vus, pleins de sagesse, fonder sur la modération leurs établissemens de la côte de Zanguebar et de Mozambique; quoique, dans plus d'une province de l'Inde, ils eussent donné des preuves d'une haute politique, c'est-à-dire d'une grande humanité, l'avarice et la cupidité succédèrent promptement à ces premières dispositions. Leurs guerres contre les Maures, les maximes de la chevalerie importée de France, la noblesse accordée aux belles actions, et la gloire attachée à leur nom, avaient été les mobiles de leurs succès : la haine des vaincus, l'envie des nations rivales et l'Inquisition, dont la fatale influence se fit ressentir comme une peste à

Goa (1), furent les principes de leur décadence.

Quelques causes plus spéciales ont accé-
léré leur ruine totale. Ils avaient négligé
le cap de Bonne-Espérance, station du
premier ordre, dont les Hollandais devi-
nèrent plus tard l'importance ; ils n'avaient
pas bâti de fort à Ceylan et sur la côte de
Coromandel, la plus riche de l'Inde par
l'industrie de ses habitans et par les mines
de Golconde ; de sorte que les points cul-
minans d'une position qui s'étendait de
Lisbonne aux Moluques, restèrent exposés sans défense aux attaques des nations
rivales de leur métropole. La conquête du
Portugal, par Philippe II, porta un coup
décisif à son immense système colonial.
Ce petit royaume, qui avait fait la loi
dans tout l'Orient avec moins de quarante mille hommes sous les armes, s'af-
faibiit promptement, et il ne tarda point à
être absorbé par la vaste monarchie du
roi d'Espagne. Alors les Portugais de

----

(1) Voyez l'*Histoire de l'Inquisition*, par Llo-
rente.

l'Inde, ne croyant plus avoir de patrie, se déclarèrent indépendans, ou se firent corsaires, et ne mirent plus aucun ensemble dans leurs opérations. L'Inde était partagée en trois gouvernemens qui ne s'appuyaient plus ; les croisières destinées à protéger le commerce, ne parurent qu'à D longs intervalles, et Philippe II, en interdisant l'entrepôt de Lisbonne à ses sujets révoltés des Pays-Bas, les força d'aller chercher directement aux Indes les produits dont ils avaient besoin..

C'est alors qu'on vit en Portugal, à côté de la plus brillante opulence, la plus horrible pauvreté. Les marchandises de l'Orient n'arrivaient plus avec la même régularité et la même abondance; et le peuple, n'ayant pas des habitudes manufacturières, fut réduit à la mendicité. L'agriculture languit: il n'y eut de fortune que pour ceux qui avaient des emplois en Asie. Les trésors du Nouveau-Monde avaient servi, entre les mains de Philippe II, à faire perdre aux Portugais les richesses de l'Ancien. L'inquisition, la paresse, l'avidité perfide portaient leurs fruits. Le monde avait reçu une grande leçon : nous allons voir si l'Espagne en a profité.

CHAPITRE VIII.

Découvertes et établissemens des Espagnols dans le Nouveau Monde.

Si les contemporains de Christophe Colomb avaient eu les mêmes vues et les mêmes mœurs que ce grand homme, l'histoire de l'Amérique ne serait point un tissu de crimes et de barbaries qui font frémir la nature; et l'on ne serait pas disposé à regretter quelquefois que ce vaste hémisphère ait été découvert trois cents ans trop tôt. Je ne veux point entrer dans les détails de tant d'horreurs, et nous vivons dans un siècle trop ami des romans, pour qu'il soit nécessaire de rappeler à des lecteurs tous les événemens merveilleux et pourtant incontestables qui ont signalé l'arrivée des Européens aux Indes Occidentales. On sait comment

Christophe Colomb, cet illustre Génois,
traité de visionnaire par sa patrie, avait
deviné le Nouveau Monde par le seul examen de l'Ancien et par la lecture du voyage
de Marc Paul, qui lui fit admettre la possibilité de revenir de l'Orient dans l'Occident, en passant par les antipodes. On
conçoit également que le bruit des découvertes des Portugais et la gloire qu'elles
leur avaient acquise, devaient agir vivement sur un esprit comme le sien. Nous
sommes cependant trop généralement habitués à le regarder comme un aventurier.
Il avait fait ses premiers voyages dès l'âge
de quatorze ans, dans les ports de la Méditerranée fréquentés par les Génois ses
compatriotes, et il comptait déjà trente
ans d'expérience sur mer, lorsqu'il sollicita l'armement de son immortelle expédition. Il avait visité les côtes de l'Islande
et les rives de la mer du Nord ; et pendant
long-tems, employé au service des Portugais, il s'était perfectionné dans la navigation, en trafiquant aux Canaries, aux
Açores et sur les côtes de la Guinée. Sa
femme était fille d'un de ces illustres capi-

taines qui avaient découvert Madère et
Porto Santo. Colomb hérita des journaux
et des cartes de son beau-père, dans le moment où les Portugais cherchaient une
route pour aller acheter aux Indes, à leur
source, les richesses qui donnaient aux
Vénitiens le sceptre du commerce. Il mé-
dita long-tems sur ce grave sujet, et il se
confirma dans l'idée de l'existence d'un
autre hémisphère, d'après une foule d'in-
dices que son génie convertit en certitu-
des. Un médecin de Florence, très-versé
dans la cosmographie, l'encouragea par
des observations pleines de vraisemblance
et de solidité.

Lorsqu'il eut fixé les bases de cette entreprise solennelle, le souvenir de sa patrie
se présenta à lui, et il partit de Lisbonne,
où il avait établi son domicile, pour venir
solliciter à Gênes les moyens de l'exécuter.
Les Génois le prirent pour un fou et perdirent l'occasion de relever la splendeur
de leur république. Il s'adressa à Jean II
de Portugal, qui devait l'accueillir mieux
que tout autre, puisqu'il avait eu des preuves de son talent et de ses connaissances;

8.

Jean II fit semblant de ne pas l'apprécier, et il expédia secrètement un vaisseau avec l'ordre de suivre la route indiquée par Colomb. Le pilote chargé de ce voyage s'effraya et revint. Colomb, justement indigné, passa sur-le-champ en Espagne, et présenta son projet à Ferdinand et à Isabelle, tandis qu'il envoyait son frère Barthélemy à Londres pour le soumettre à Henri VII. Son frère n'eut point de succès. Les troubles de la France n'en devaient pas promettre. Venise aurait pu se charger de ce beau rôle : mais soit par esprit national, soit par défiance ou par lassitude, Colomb aima mieux attendre en Espagne le résultat de ses sollicitations. La réponse définitive ne lui fut accordée qu'après huit ans, et il mit à la voile du port de Palos, en Andalousie, le vendredi 3 août 1492 , avec une escadre de trois petits vaisseaux (1) montés par une centaine d'hommes. Ces navires se nommaient la *Sainte-Marie*, la *Pinta* et la *Niña*. J'ai vu le modèle de l'un

(1) Elle n'avait pas coûté cent mille francs.

d'eux, gr... d'après un dessin grossier
de Christophe Colomb.

Une fois lancé sur cette mer inconnue,
il eut à soutenir plus de murmures de ses
équipages qn'il n'avait essuyé de refus des
princes de l'Europe. La terre parut enfin
le trente-troisième jour de son départ des
îles Canaries, où il avait relâché : c'était
Saint-Salvador, une des îles Lucayes ; sa
découverte fut bientôt suivie de celles de
Cuba et d'Haïti qu'il nomma Hispaniola.
Il y laissa une partie de son équipage
et revint en Espagne, après un voyage de
sept mois, rapportant de l'or et des échantillons de toutes les productions de ces
contrées nouvelles. La joie fut universelle
à son arrivée ; on sonna les cloches, on
tira le canon, on le reçut avec autant d'admiration que les insulaires d'Haïti l'avaient
vu débarquer avec étonnement. Le roi et
la reine se levèrent à son approche, et le
firent asseoir en leur présence. Herrera
raconte d'une manière fort intéressante
cette mémorable cérémonie dans laquelle
il leur rendit compte de son voyage.

On le mit bientôt en mesure d'en faire

un nouveau. Une flotte de dix-sept vaisseaux fut équipée avec une extrême rapidité, et pourvue de toutes les choses nécessaires pour un établissement et pour une conquête. On embarqua toutes sortes d'animaux domestiques, les semences et les plantes que l'on crut propres au climat, et les ouvriers indispensables à une colonie naissante. Quinze cents hommes furent mis sous les ordres de l'amiral. Le pape Alexandre VI tira sa fameuse ligne de *marcation* et donna le Nouveau Monde à la couronne de Castille, du haut de ce même Capitole où les Romains avaient plus d'une fois disposé de l'Ancien. Colomb repartit et ne trouva plus à Hispaniola que les cadavres de ses compagnons. Ce fut le premier sang espagnol versé en Amérique et comme le prélude d'un grand carnage.

Colomb ajourna la vengeance et découvrit les Antilles et la Jamaïque. A son retour, l'admiration se tourna en envie : il fut accusé, surveillé et débarqué les fers aux pieds et aux mains. L'Europe entière témoigna son indignation, mais Colomb ne put obtenir justice, et ce n'est qu'après

un abandon de quatre ans qu'il eut la permission de retourner dans son Nouveau
Monde. Il trouva le continent à dix degrés
de l'équateur, et peu d'années après, un
négociant Florentin, Americo Vespucci,
s'attribua l'honneur de cette découverte, 1498.
en lui donnant un nom illégitime que l'Europe indifférente a consacré.

Christophe Colomb mourut à Vallado-
lid en 1506, à l'âge de 59 ans, chargé de
gloire et d'infirmités. Le malheur ne lui
avait rien fait perdre de la vigueur de son
caractère, et la postérité l'a vengé de l'in-
justice de ses contemporains. Les gouverneurs de Cuba et d'Hispaniola qui lui succédèrent, persuadés que ces provinces
contenaient de l'or, voulurent en avoir
au prix du sang de leurs habitans. Enfin,
soit que les Espagnols craignissent la haine
des insulaires ou leur grand nombre, soit
que la fureur du carnage, ayant une fois
commencé, ne connût plus de bornes, les
naturels d'Hispaniola et de Cuba furent
promptement exterminés. La voix du vé-
nérable Las Cases se perdit au milieu des
cris de tant de populations mourantes, et

les Espagnols se rendirent justice en s'as-
sociant des dogues pour cette campagne
d'anthropophages. Mais Colomb avait fait
une faute capitale en laissant monter à bord
de ses vaisseaux un grand nombre de mal-
faiteurs destinés au soutien des colonies
naissantes (1).

Une fois établis à Cuba, les Espagnols
entendirent parler du Mexique. Fernand
Cortez y débarqua en 1519, avec onze
petits bâtimens portant cent neuf matelots,
cinq cent huit soldats, seize chevaux et
dix pièces de campagne. C'est avec cette
petite armée qu'il entreprit la conquête
du pays. Un de ses compatriotes, prisonnier depuis neuf ans à Yucatan, lui sert
d'interprète; une Américaine fort belle

---

(1) « Il est remarquable, dit M. Destutt de
» Tracy dans son *Traité d'Économie politique,*
» combien l'époque à laquelle un corps politique
» commence à se former influe sur toute la du-
» rée de son existence. Un empire fondé par
» Clovis ou par Cortez, ou des sociétés recevant
» leurs premières lois de Locke ou de Fran-
» klin, doivent prendre des directions très-dif-
» férentes. »

devient sa maîtresse et son conseil ; il trouve du soufre dans un volcan, et du salpêtre pour renouveler ses poudres. La république de Tlascala résiste : elle succombe. Le bruit du canon, la cavalerie, la tactique européenne frappent tous les peuples d'épouvante ; et la terreur, mère des superstitions, évoque d'antiques prophéties qu'on applique aux soldats de Cortez. Ces tigres altérés de sang, on les appelle les Enfans du Soleil. Ils entrent à Mexico, s'emparent de l'empereur, et répandent la désolation dans tout l'empire.

Pendant ce tems, une expédition formidable, puisqu'elle se composait d'un millier d'hommes, débarque à la Vera-Cruz, envoyée à Cuba par Velasquez, gouverneur de cette île, pour châtier l'audace de Cortez qui était devenu conquérant, malgré ses ordres. Cortez laisse une faible garnison dans Mexico, marche avec deux cent cinquante hommes à la rencontre de l'armée ennemie, et la fait passer tout entière dans ses rangs. Les trésors du Mexique tombent entre ses mains. Dès

lors, rien n'arrête la marche des Espagnols, ni les difficultés du sol, ni la crainte
de répandre le sang. Ils découvrent la
Castille d'or et le Darien, bâtissent des
villes, creusent des ports, et s'établissent
sur une longueur de côtes de plus de
deux cents lieues.

La passion des découvertes allait toujours croissant avec celle de l'or. En 1527,
deux aventuriers, Almagro et Pizarre,
sans éducation, sans famille, reconnaissent
trois cents lieues de pays en cinglant droit
au midi de l'isthme, dans la mer du Sud.
Ils apprennent que vers la ligne équi-
noxiale et sous l'autre tropique, il y a
une contrée immense où l'or, l'argent et
les pierreries sont plus communs que le
bois; ils y courent et trouvent l'empire du
Pérou, qui ne tarde point à subir, au milieu des mêmes horreurs, la destinée de
celui du Mexique. On n'eut que la peine
de tuer; et Charles-Quint, *pour lequel il
semblait que l'univers s'étendît*, suivant
l'expression de Montesquieu, commença
à recevoir de l'Amérique ces énormes tri-

buts qui lui servaient à bouleverser l'Europe. Le premier fut de cinquante mille marcs d'argent et de cinq mille marcs d'or.

Almagro marche vers le Chili, et il en prend possession au nom du roi d'Espagne. Mais la discorde se mit entre les vainqueurs de l'Amérique du Sud, comme elle avait divisé Vélasquez et Fernand Cortez dans le Mexique. Almagro fut fait prisonnier, et condamné à mort; Pizarre, son rival, fut bientôt assassiné. Au milieu de ces scènes tragiques, le gouvernement espagnol s'organisait dans tout le Nouveau Monde : on établissait des audiences, des régidors, des évêchés, des archevêchés, une véritable hiérarchie. Les mines de Potosi, inconnues aux Péruviens, étaient en pleine exploitation. C'est alors que les nègres furent employés pour la première fois en assez grand nombre dans les colonies espagnoles : on trouva qu'ils étaient plus robustes que les naturels du pays, et le vertueux Las Cases, le même qui avait publié de si énergiques protestations en faveur des Américains, proposa de faire un commerce régulier de noirs, avec les

9

Portugais établis sur la côte d'Afrique (1).
C'était sauver une race d'hommes aux dépens d'une autre. Le cardinal Ximenès refusa d'encourager cet odieux trafic ; mais
le plan de Las Cases fut adopté par Charles-
Quint, qui accorda le privilége de la traite
à quelques marchands génois, moyennant
une somme de 25,000 ducats. Ainsi, par
une fatalité bien capable d'humilier notre
orgueil, le commerce du sang humain a
été établi d'après les conseils d'un homme
qui avait défendu l'humanité pendant toute
sa vie.

L'administration espagnole était à peine
en exercice, que les conquérans voulurent
garder pour eux-mêmes ce qu'ils avaient
acquis pour Charles-Quint. Un fils d'Almagro se fit reconnaître roi du Pérou, et
fut pendu ; un frère de Pizarre eut le même
sort. Enfin tout rentra dans l'ordre, et
lorsqu'on fut las de tuer, on se mit à observer les productions du pays et à re-
chercher celles qui lui manquaient. Alors

---

(1) *Herrera*, déc. 1, liv. v.

se répandirent dans toute l'Europe ces vé-
gétaux précieux, sources de plus de richesses que les mines du Potosi; l'indigo,
le tabac, le coton, la vanille, le cacao, le
jalap, le quinquina et le nopal chargé de
cochenilles : le Nouveau-Monde reçut les
plantes de l'Ancien, les plus capables de
réussir sous ses divers climats. L'or et
l'argent arrivèrent en Espagne par tous
les vaisseaux, et les denrées de l'Inde trouvèrent une concurrence très-active dans
les productions de l'Amérique. Les paysans
de l'Estramadure et de l'Andalousie prenaient leur chocolat pendant que, dans le
reste de l'Europe, on se nourrissait du
hareng des villes anséatiques. La cochenille et l'indigo éclipsèrent les couleurs
de l'Orient, comme la monarchie espagnole éclipsa bientôt les autres monarchies.

L'amiral portugais Cabral, en décou-
vrant le Brésil, qu'il ne cherchait point,
complétait la carte de ce vaste continent,
et Magellan en déterminait la limite au
midi, en traversant, le premier, le détroit 1520.
qui porte son nom. Son fameux vaisseau,
la Victoire, fit le tour du monde en trois

ans et vingt-huit jours, et rencontra, en passant, les Portugais aux Moluques. Le résultat de ce voyage fut la conquête des Philippines, opérée en 1564, au nom de Philippe II, qui établit des relations régulières entre Manille et ses colonies d'Amérique, par la mer du Sud.

On peut dire que toutes ces découvertes tenaient du prodige, et les efforts qu'elles ont coûtés à leurs auteurs, s'ils n'étaient attestés d'une manière authentique, nous paraîtraient entièrement fabuleux. Je me suis borné à en présenter une esquisse rapide, afin de ne point interrompre la chaîne des événemens qui ont signalé les progrès du commerce : nous verrons bientôt comment le tems et les révolutions ont modifié les relations de ce nouveau monde avec l'ancien. Examinons la conduite de l'Espagne, depuis le commencement de sa domination.

A peine elle fut maîtresse en Amérique, qu'elle conçut l'idée d'un système inconnu aux anciens et adopté promptement par les nations modernes, celui de s'assurer de toutes les productions de ses colonies et de leur entier approvisionnement. On interdit à ces nouveaux établissemens, sous des peines capitales, toute liaison étrangère, et le gouvernement poussa la rigueur jusqu'à leur défendre d'envoyer aucun de leurs navires dans la mère-patrie. La jalousie se manifesta dans la métropole même : il fut bien permis de partir de ses différens ports, pour l'Amérique ; mais tous les retours durent se faire à Séville, et ensuite à Cadix, à cause des difficultés de la navigation du Guadalquivir. On défendit à tous les négocians établis dans ce port célèbre de prendre part directement à un commerce aussi lucratif. Les naturels du pays n'obtinrent qu'avec de grandes restrictions la liberté de faire des expéditions d'un établissement à l'autre du nouvel hémisphère. Le gouvernement régla le nombre des bâtimens qu'il convenait d'envoyer, et l'intrigue décida dans les bureaux de Madrid des plus grands intérêts du commerce espagnol.

Sous prétexte de prévenir les fraudes, de procurer une sûreté entière à des vaisseaux richement chargés, on multiplia tel-

9.

lement les lenteurs, les visites, les per-
quisitions, les formalités de toute espèce
en Europe et en Amérique, que les faux
frais doublèrent la valeur de quelques marchandises, et augmentèrent le prix de toutes.
L'oppression des douanes dépassa tout ce
qu'on avait jamais vu de plus odieux en ce
genre. Les objets exportés pour le Nouveau
Continent furent assujétis à des droits ini-
ques. Le prix même qu'on en avait retiré
fut imposé : l'or en retour devait quatre
pour cent, et l'argent en devait neuf. On
ne vit plus la grandeur de l'état que dans
les mines de l'Amérique ; et loin de sentir
que les colonies ne seraient utiles à la métropole qu'autant qu'elles deviendraient un
encouragement pour son agriculture et
pour son industrie, les économistes du
tems subordonnèrent la métropole aux colonies. Des émigrations nombreuses diminuèrent la population, et des guerres presque continuelles avec les puissances de
l'Europe, ne permirent pas d'apercevoir
que tout ce système était composé d'élémens ruineux, d'où résulteraient tôt ou
tard de grandes catastrophes. L'Espagnol,

fier de commander à tout un monde, crut
le travail indigne de lui, et il abandonna
peu à peu les manufactures qui alimentaient
son ancien commerce, et l'agriculture qui
n'y avait pas moins contribué. Les fabriques
de soie de Séville, les draps de Ségovie,
les étoffes de la Catalogne, ne suffirent
plus aux demandes de l'Amérique ; et les
nations étrangères, où le numéraire était
encore rare, et par conséquent les salaires
d'ouvriers très-modiques, s'enrichirent à
leur tour en commerçant avec les colonies
sous le nom espagnol, ou par la contrebande ostensiblement exercée sur les côtes
du Mexique et des îles. L'expulsion des
Maures laborieux établis dans la Péninsule,
les ravages de l'inquisition, et ce demi-
million de *pieux fainéans* qui végétaient
dans les cloîtres, doivent compter aussi au
nombre des causes qui ont nui à la prospérité de l'Espagne. Le fisc, n'ayant plus
de manufactures à opprimer, rançonna les
cultivateurs. On osa fixer le prix du bled,
créer de véritables *maximum* en tems de
paix, et l'on crut avoir tout prévu en éta-

blissant des greniers d'abondance, comme
si l'abondance était fille du monopole.

Tandis que l'Europe s'éclairait rapidement et développait son industrie, l'Espagne marchait, avec son or, à la barbarie.
Des droits de douane furent perçus d'une
province à l'autre, et les communications
interrompues. Il n'y eut pas un seul canal,
pas un seul fleuve navigable, pas une route
en bon état. Les Barbaresques vinrent
infester ces mêmes côtes d'où était partie
la flotte invincible; et les paysans, qui
prenaient du chocolat, manquèrent de
linge et de vêtemens. L'Espagnol, né
généreux, se résigna à mendier dans les
rues, pendant que les grands seigneurs
mendiaient, dans les antichambres, les
magistratures, les cordons et les faveurs.
L'éducation des jeunes gens de qualité,
commençait dans des colléges dirigés par
des moines, et se terminait dans les bou-
doirs des courtisanes. Les cloîtres étaient
ouverts aux amours-propres sans fortune,
à la paresse orgueilleuse, au célibat, fruit
des débauches. Tel fut, pour ce malheureux

pays, le résultat de la découverte du Nouveau Monde. L'effet ne s'en fit pas ressentir sur-le-champ : il y eut même un siècle
entier de lugubre magnificence, pendant
lequel Charles-Quint et Philippe II donnaient des fêtes à la lueur des bûchers de
leurs au-to-dafé. Mais la longue guerre
de la Succession, et la terreur répandue
dans toute l'Amérique par l'expédition de
l'amiral Anson, ont achevé de mettre au
grand jour les plaies de la monarchie espagnole; et plus d'un écrivain sensé a com-
paré ses momens d'éclat aux jouissances
d'un imprudent, qui dissipe en peu de mois
le patrimoine destiné à soutenir sa vie entière. Trop heureuse, si le tableau de sa
décadence n'était pas couvert d'un voile de
sang, comme celui de ses premières conquêtes !...

CH PITR IX.

Des Hollandais, et de leurs établissemens dans les Indes orientales.

LES Portugais avaient fait dans les Indes , comme nous avons vu , tout ce qu'il fallait pour assurer la fortune du premier peuple qui viendrait réclamer leur succession. Les Hollandais furent ce peuple. Ils ont joué un si grand rôle sur la scène du monde et dans l'histoire du commerce, qu'un exposé succinct de leur origine et de leurs progrès ne paraîtra pas déplacé au commencement du récit de leurs conquêtes.

Célèbres du tems des Romains sous le nom de Bataves , respectés par les Francs dans le cinquième siècle , ils se montrèrent dignes de leur ancienne renommée, en passant sous la domination de la maison de

Bourgogne. Lors de la formation de la ligue anséatique, seize de leurs villes entrèrent dans cette grande association commerciale, et prirent une part active à la pêche du hareng. L'art précieux de *caquer* ce poisson, fut inventé par Guillaume Heukelszoon (1), un de leurs concitoyens, qui s'est acquis par cette découverte une célébrité durable dans sa patrie.

Aux souverains de la maison de Bourgogne succédèrent des princes autrichiens dont l'avénement fut signalé par des guerres intestines. Les paysans réduits à la misère se révoltèrent, et se précipitèrent sur les villes, en portant sur leurs drapeaux des *pains* et des *fromages*, symboles de leurs besoins : mais leur patrie succomba. Les intérêts généraux n'étaient pas encore bien entendus à cette époque, et, quoique de grands espaces de terre fussent réunis sous une même administration, il n'y avait point de fusion entre leurs habitans. La réformation survint et fut accueillie avec en—

---

(1) Scheffer, *Histoire de Hollande*, pag. 35.

thousiasme par la majorité des populations
septentrionales : ses principes sévères s'ac-
cordaient parfaitement avec leurs mœurs
et leur climat. Erasme, en Hollande, y
avait préparé tous les hommes instruits,
par ses écrits spirituels ; et les persécutions
de Charles-Quint y portèrent tous les
hommes indignés. Ce fut le commencement de la haine des Hollandais et des Espagnols. Philippe II y mit le comble en
violant les priviléges des villes déjà en-
tamés par Charles-Quint, et la seule menace de l'inquisition alluma un incendie
qui ne put être éteint dans les flots de
sang versé par le duc d'Albe. Les protestans, nobles et roturiers, illustrèrent le
nom de *Gueux* par une résistance héroïque.
Les comtes d'Egmond et de Hoorne pé-
pirent sur l'échafaud en stoïciens, victimes
de leur persévérance dans les principes
de la réformation.

Une insurrection générale suivit de près
la mort de ces martyrs de l'indépendance
nationale. On vit alors se renouveler le
spectacle que les Vénitiens avaient donné
au monde plusieurs siècles auparavant :

les insurgés cherchèrent un asile dans les
eaux qui protègent et menacent incessamment leur patrie. Sept petites provinces au
nord du Brabant et de la Flandre, inondées plutôt qu'arrosées par de grandes
rivières, fondèrent cette république fameuse, qui domina bientôt dans l'Orient, et
qui a causé tant de chagrins à Louis XIV.
Les premiers efforts de leur union ne furent point heureux, et lorsqu'on lit les
détails affreux (1) des siéges de Harlem et
de Leyde, on ne sait trop s'il n'eût pas
mieux valu ajourner la conquête de la liberté, que de l'acquérir au prix de tant
d'horreurs. De part et d'autre les prison-
niers étaient égorgés sans pitié, après avoir
subi les plus effroyables tortures.

Mais la constance des Hollandais triompha de leurs revers. Ils rompirent les di-

---

(1) A la prise de Harlem, les Espagnols mas-
sacrèrent la moitié de la population, hommes
femmes et enfans. Au siége de Leyde, un ma-
telot arracha le cœur à un Espagnol blessé ; y
mordit et le jeta aux chiens, en disant : *C'est
amer.*

gues et submergèrent leurs ennemis. Un
homme d'un esprit fier, profond, d'une
intrépidité tranquille et opiniâtre, le stathouder Guillaume de Nassau vivait retiré
en Allemagne, sous le poids d'une con-
damnation à mort, pendant que ses compatriotes tentaient de secouer le joug espagnol. Il accourt sans troupes et sans
argent, mais plein du désir de venger
tant d'injures, et il a le bonheur de contribuer à la fameuse déclaration d'indépendance de l'Union, après avoir essuyé des
traverses inouïes. Philippe II mit sa tête
à prix, et il le fit assassiner à Delft, en
1584. Alexandre Farnèse releva les affaires des Espagnols ; mais la république
ayant reçu un renfort de la reine Élisabeth,
sous le commandement de Leicester, reprit l'offensive, et marcha de succès en
succès. Sa marine devint chaque jour plus
formidable : elle contribua beaucoup à l'a-
néantissement de la *flotte invincible*.

Cependant les sept provinces unies n'a-
vaient pas encore assez de forces pour
compter sur une existence tranquille : elles
cherchèrent des armes et de l'appui partout

où elles purent en espérer. Elles ouvrirent leurs ports aux pirates de toutes les nations, dans le dessein de s'en servir contre les Espagnols, et ce fut le commencement de leur puissance maritime. En 1590, elles avaient déjà humilié plus d'une fois la marine espagnole. Leurs vaisseaux entrèrent en concurrence avec ceux des villes anséatiques et de quelques villes d'Italie, pour le commerce de transport, et elles achetaient à Lisbonne les marchandises de l'Inde pour les revendre à toute l'Europe. Mais Philippe II leur ayant fermé cet entrepôt, les négocians hollandais résolurent d'aller directement dans l'Inde pour y faire leurs provisions; et ils essayèrent, mais inutilement, d'y arriver en cherchant un passage par le nord.

Pendant ce tems, un marchand de leur nation, nommé Houtman, détenu pour dettes à Lisbonne, leur fit dire que s'ils voulaient le tirer de prison, il leur communiquerait une foule de connaissances que sa position particulière lui avait permis d'acquérir, relativement au commerce des Portugais dans les Indes. On paya ses dettes et il tint parole. Ses libérateurs, qu'il éclaira, formèrent une association, sous le nom de *Compagnie des pays lointains*, et lui confièrent, en 1595, quatre vaisseaux pour les conduire aux Indes par le cap de Bonne-Espérance. Il revint bientôt avec un chargement de poivre et d'épiceries, après avoir reconnu la côte d'Afrique, et visité Madagascar, les Maldives et les îles de la Sonde. La joie causée par son retour fut extrême, et le succès de son voyage excita une émulation générale. Une foule d'associations se formèrent de toutes parts, à l'instar de la première, et furent réunies en une seule, qu'on appela la Compagnie des Grandes-Indes. Elle eut le droit de faire la paix et la guerre avec les princes de l'Orient, de bâtir des forteresses, d'y entretenir des garnisons et de nommer les officiers de police et de justice.

Cette Compagnie, jusqu'alors unique dans le monde, exerça une influence salutaire sur le commerce de la république. Elle expédia une flotte de quatorze vaisseaux sous le commandement de Warwick, que les Hollandais regardent comme le fondateur de leur système commercial. Cet amiral établit un comptoir fortifié dans l'île de Java, et il contracta des alliances fort utiles avec les habitans de Ceylan et des îles de la Sonde. La conquête des Moluques sur les Portugais acheva de fonder sur une base solide le commerce de la Compagnie : mais dès-lors ce commerce eut besoin d'être soutenu par les armes ; et les Hollandais, à peine tranquilles chez eux, se trouvèrent lancés en Asie dans la voie orageuse des conquêtes. Jetons un coup-d'œil sur leur position et sur celle de leurs ennemis.

Les Portugais avaient des avantages réels : la possession du pays, la connaissance des mers, l'habitude du climat et l'appui de plusieurs nations qu'ils tenaient sous le joug ; mais déjà leur domination avait dégénéré en tyrannie, et ils s'étaient aliéné tous les cœurs par leurs persécutions religieuses vivement senties chez des peuples superstitieux et crédules. Les Hollandais n'avaient d'autre avantage que celui de succéder à de mauvais maîtres ;

l'ambition de fonder un grand commerce sur les ruines du leur, et l'espoir de donner une stabilité entière à leur indépendance. Outre ces causes, ils étaient excités par une haine que la diversité de religion et le souvenir des atrocités du duc d'Albe avaient dû rendre implacable.

Aussi la guerre se fit avec une énergie incroyable de part et d'autre. Depuis la réunion du Portugal à l'Espagne, le Brésil était devenu espagnol : les Hollandais en conquirent une partie. Leur amiral, Pieter Hein s'empara de la flottille chargée des lingots du Pérou, évalués à plus de 12 millions de florins. Koen jeta les fondemens de la ville de Batavia dans l'île de Java, la plus considérable des îles de la Sonde, après Sumatra. Les Portugais furent chassés de Célèbes, et Macassar tomba au pouvoir de leurs ennemis. Bornéo et Sumatra leur donnèrent le camphre. Siam attira leurs regards ; la Chine et le Japon leur ouvrirent leurs ports ; Malacca leur fut livrée par le gouverneur, qu'ils égorgèrent pour ne pas lui payer la somme de 500 mille francs, promise à sa trahison. Les Portu-

gais avaient négligé Ceylan : les Hollandais cherchèrent à s'en rendre maîtres, et
ils furent secondés par le roi de Candie,
qui leur offrit de travailler, lui et ses enfans, aux fortifications qu'ils jugeraient
utile de construire. Les pierres précieuses,
le poivre, l'ivoire, la cannelle, le bétel, la
pêche des perles devinrent entre leurs
mains la base d'un commerce qui a long-
tems maintenu leur supériorité en Europe.
Il leur a servi à réparer les pertes énormes
causées par une guerre de quatre-vingts
ans, pendant laquelle des villes entières
avaient été détruites par les inondations;
des provinces ravagées par l'ennemi, et
l'état appauvri de plusieurs centaines de
millions de florins. La ville d'Amsterdam
ne tarda point à profiter de tous les avantages qu'une cité peut recevoir d'un grand
port de mer, et les villages même présentèrent un spectacle de prospérité et d'o-
pulence que les guerres de Louis XIV
ont à peine altéré. Des amiraux célèbres,
Tromp, Ruyter, Evertzoon, Van Galen,
soutinrent avec gloire, sur toutes les mers,
l'honneur du pavillon hollandais. Ruyter,

l'un d'eux, fut assez hardi pour remonter la Tamise et pour brûler la flotte anglaise à Chatham.

Cependant, l'île de Ceylan n'était qu'un point d'appui dans l'Inde. Les côtes de Coromandel, d'Orixa, de Malabar reçurent des comptoirs; et la colonie du Cap, dont un chirurgien fit sentir toute l'importance, ne tarda point à réaliser les heureux résultats qu'on s'en était promis. Il fut réglé qu'on donnerait un terrain convenable à tout homme qui voudrait s'y fixer, et que ceux dont la santé souffrirait du climat, pourraient revenir en Europe et disposer de leurs possessions. Une belle ville s'éleva dans la baie de la Table, entrecoupée de canaux bordés d'arbres, ornée d'une ménagerie, d'un jardin botanique et de quelques édifices remarquables. Un coteau célèbre, qui n'a pas plus de trente arpens d'étendue, produisit le vin de Constance, et, dans la patrie des Hottentots, les riches propriétaires de la colonie ne manquèrent d'aucune des jouissances de la civilisation européenne. Les Hollandais arrivaient à l'apogée de leur prospérité. La ville de Batavia s'accrut et s'embellit de jour en jour. Les Hollandais corrigèrent, par tous les moyens possibles, le vice de sa position au fond d'un petit golfe bourbeux et malsain, en perçant des rues spacieuses, en creusant des canaux, en faisant de nombreuses plantations. Les environs se couvrirent de maisons de campagne et de jardins délicieux, dans lesquels les colons, assis sous de rians ombrages, trempaient les meilleurs vins d'Europe et d'Asie d'eau de Seltz (1) apportée à grands frais de l'Allemagne. Batavia devint le centre de leur commerce dans l'Inde. Le conseil supérieur de la Compagnie, composé du gouverneur, d'un directeur général, de cinq conseillers et de quelques assesseurs sans voix délibérative, y eut sa résidence. Toutes les spéculations commerciales, même celles qui se faisaient au Cap, venaient à leur connaissance. Les vaisseaux qui partaient du Bengale, de Ceylan et de la Chine, ne portaient en

---

(1) Les eaux de Batavia passaient pour être très-saumâtres.

Europe que les factures de leurs cargaisons. Les comptes étaient rendus à Batavia, où l'on tenait le livre général de
toutes les affaires.

Cette puissance colossale venait de succéder à la domination portugaise. La vente
de l'indigo, du coton, du sucre, du poivre,
de la cannelle, du girofle, du gingembre,
de la muscade, de l'étain, du camphre,
des bois de teinture fut presque exclu-
sivement dévolue aux Hollandais. Dans
l'espace de moins de cinquante ans, ils
s'étaient emparés de trois cents vaisseaux
portugais, ressource précieuse pour un
peuple dépourvu de bois de construction.
Ils avaient trouvé dans l'Inde des établissemens militaires parfaitement organisés,
une nombreuse artillerie, des magasins,
des arsenaux. Leur politique moins ardente
les porta à ménager les existences et les opinions, et ils eurent l'air d'être les vengeurs
de l'Orient. Ils se concentrèrent au lieu
de se diviser. Leurs troupes stationnaient
au Cap, à Ceylan et à Batavia, prêtes à se
porter en masse sur les points menacés de
la côte, où ils n'avaient que des comp-

toirs sous la protection de quelques forts, et par le moyen desquels ils étaient parvenus à s'emparer de tout le cabotage de l'Asie.

Mais la Hollande renfermait en elle-même les élémens de sa décadence, et quoiqu'elle vendît annuellement quatre ou cinq millions de livres de poivre, deux cent mille livres de cannelle, l'étain de Malacca et toutes les épiceries de l'Inde , elle descendit très-rapidement de la hauteur où elle s'était élevée. Quelques réflexions rendront ce mouvement sensible.

La Compagnie avait un capital de quatorze millions, partagé en plusieurs actions. Les actionnaires jouèrent sur ces actions; ils en vendirent à crédit, qui ne furent point remboursées. Les guerres, les naufrages occasionnèrent des pertes au capital, et la fureur du jeu devint générale. Mossel, un des gouverneurs de la Compagnie, la comparait à un vaisseau qui coulait bas, et dont la submersion était retardée par la pompe. En outre les guerres du pays, les combats, pour le girofle, aux Mo-

luques; les révoltes à Banda et à Macassar; la perte de Formose, qui entraîna
celle de Siam; Malacca assiégée par des
pirates; Cochin et Negapatnam attaquées
par les rois voisins; les troubles continuels de Ceylan; les discussions à Java;
la concurrence avec les étrangers, finalement inévitable, et surtout le défaut de productions de la métropole, déterminèrent
la chute de ce grand corps. Les guerres
soutenues avec honneur contre Louis XIV
épuisèrent ses forces. Les Hollandais auraient bien pu abandonner quelques comptoirs trop coûteux; ils auraient dû peut-
être renoncer à l'usage ruineux de porter
toutes les marchandises à Batavia, et supprimer une partie de ces innombrables
employés qui dévoraient une portion
considérable de leurs bénéfices : mais l'a-
mour-propre les força de soutenir leurs
comptoirs onéreux, de peur de paraître
en décadence; l'habitude prévalut en faveur de l'entrepôt de Batavia, et l'indolence des agens croissant avec la faiblesse
de la Compagnie, la força d'en multiplier
le nombre au lieu de le restreindre. La

modestie qui avait caractérisé les membres du gouvernement dégénérait depuis long-tems en somptuosité : l'austérité des principes républicains succomba sous le luxe et la magnificence asiatiques. Les lois faites pour des hommes vertueux et simples demeurèrent sans influence sur des hommes corrompus.

Un coup d'œil sur l'état des affaires dans la métropole achève d'expliquer la décadence de son commerce extérieur. Les guerres de Louis XIV avaient donné à la Hollande une physionomie toute belliqueuse : trop de milliers de bras furent ravis au commerce et à la marine, pendant cette désastreuse époque. La nation s'était accoutumée à l'allure militaire, toute passive, toute d'obéissance ; et si l'orgueil national s'était exalté, l'esprit de liberté avait souffert. Le stathouder Guillaume III, le même qui depuis régna sur l'Angleterre, avait tenté en vain de se faire roi des Pays-Bas ; mais sa tentative fut la source de mille discordes. Elle mit un parti d'Orangistes en face du parti républicain, et créa dans l'état deux opinions fortes, pro-

fondes , appuyées sur des populations opiniâtres et résolues. Louis XV en profita
pour envahir la Flandre avec cent vingt
mille hommes. Toutes les provinces se
soulevèrent, et le prince Guillaume IV fut
proclamé le premier stathouder général de
l'Union. Dès ce moment la république
perdit son indépendance. Le stathouder
était gendre du roi d'Angleterre : il assu-
jétit la Hollande au système anglais; elle
devint la proie des étrangers. Amsterdam,
qui avait été la caisse générale de l'Europe,
Amsterdam dont les banquiers avaient
prêté long-tems au trois pour cent, fut
ruinée par les banqueroutes successives qui
détruisirent ses capitaux accumulés depuis
des siècles.

La révolution française a exercé une
réaction énergique sur les destinées du
peuple hollandais. Le stathouder, en recevant les Anglais, ouvrit ses frontières
à nos armées , et la république batave devint une succursale de la république française. Elle eut son directoire , un consul,
sous le nom de grand pensionnaire, et un
roi de la famille de Napoléon. En 1814 ,

le fils du dernier stathouder vint succéder à son père sous le titre de prince, et en 1815, il reçut le titre de roi des Pays-Bas. La Hollande devint une province de son royaume. Il reste à ce beau pays de vastes ressources pour se créer un avenir, et quoiqu'il n'ait plus que quelques comp—loirs aux îles de la Sonde (1), avec Batavia dégénérée, son commerce intérieur peut l'élever de nouveau au rang des premières puissances commerçantes. Ses habitans sont doux, tolérans, laborieux; ils possèdent une constitution sage, et leurs canaux sont d'excellentes routes. C'est par là que les Hollandais répareront leurs anciennes pertes, et qu'ils ranimeront leurs vieux souvenirs; car les souvenirs sont aussi des capitaux pour une nation industrielle; ils lui servent à éviter des erreurs, à former son expérience, et à améliorer le présent d'après les leçons du passé.

---

(1) Les Anglais viennent de lui céder l'île entière de Sumatra.

CHAPITRE X.

Commerce et établissemens des Anglais aux
Indes orientales.

UN système de colonisation plus lent,
plus méthodique que tous ceux qui l'avaient
précédé, commença avec l'établissement
des Anglais aux Indes orientales, et devint
pour eux la cause d'une grande fortune.
Jusque-là trop occupés de leurs affaires
politiques, ils avaient négligé les intérêts
de leur commerce, étouffé par le désordre
des guerres civiles. Ils s'étaient battus pour
la liberté, pour la religion, pour l'indépendance, avec des succès divers, et ils
n'avaient pas obtenu, sans des torrens de
sang, la concession de leur grande charte,
l'adoption du protestantisme et l'expulsion
des Stuarts. Cependant, quelques grands

princes, la reine Élisabeth, Cromwell, la reine Anne, s'étaient montrés protecteurs zélés du commerce et de l'industrie, durant les époques de repos qui interrompirent, pour le bonheur de l'Angleterre, ces terribles débats. Les Juifs et les Lombards cessèrent d'exercer le monopole que le malheur des tems et l'indifférence ou l'ignorance publique avaient fait tomber entre leurs mains. L'intérêt de l'argent ne fut pas toujours de cinquante pour cent, et la loi de Henri VII, qui permit aux barons d'aliéner leurs terres, et aux roturiers de les acheter, devint pour ceux-ci le signal de l'indépendance et de la prospérité.

Toutefois, cette prospérité fut retardée par des réglemens dénués de prudence et de sagesse. On laissa subsister la loi qui fixait le prix de tous les comestibles, de la laine, des étoffes, des vêtemens, du salaire des ouvriers. La prohibition du prêt à intérêt, qu'on voulut substituer à l'usure, par un excès contraire, la fit renaître plus cruelle et plus immorale. On n'avait pas encore compris qu'un intérêt raison-

11.

nable, sur la concurrence et la liberté des transactions, n'était que le prix légitime de l'argent emprunté, tandis que dans l'état nouveau, il fallait y ajouter le prix que l'usurier mettrait à sa conscience, à son honneur et au péril d'une action illicite (1). Avec de pareils réglemens, et plusieurs autres, tels que la défense d'exporter les chevaux, la fixation du nombre des moutons dans chaque troupeau, le commerce ne pouvait faire que des progrès peu considérables, et, en effet, toutes les grandes opérations étaient concentrées dans les Pays-Bas.

Les cruautés du duc d'Albe firent passer en Angleterre d'habiles fabricans, qui transportèrent à Londres l'art des belles manufactures de Flandre. Les persécutions que les réformés essuyaient en France, donnèrent des ouvriers de toute espèce à ces manufactures, et la reine Elisabeth profita de la fermentation générale de l'Europe, pour diriger, vers le commerce

_____

(1) Voyez le *Traité d'Économie politique* de M. J.-B. Say, liv. III, chap. VIII.

et la marine, toutes les ressources de l'Angleterre. Les Anglais qui achetaient leurs vaisseaux à Lubeck et à Hambourg, apprirent à les construire eux-mêmes ; ils firent seuls le commerce de Moscovie, par la voie d'Archangel, qui venait d'être ouverte, et ils se mirent promptement en concurrence avec les villes anséatiques, l'Allemagne et le Nord. Ils commencèrent le commerce de Turquie. Leurs naviga-teurs, Drake, Stephens, Cavendish et quel-ques autres, arrivèrent aux Indes par la mer du Sud ou par le cap de Bonne-Es-pérance.

On y rencontra bientôt des Portugais et des Hollandais, et quoique l'Asie fût assez grande pour contenir et satisfaire les ambitions nouvelles, toutes ces nations se heurtèrent vivement. On perdit, à se faire la guerre, un tems, des hommes et des capitaux qui auraient pu être employés au profit des indigènes autant qu'à celui des Européens, et par conséquent, au bon-heur de l'espèce humaine ; mais une vérité aussi simple ne pouvait être reconnue sur-le-champ par des hommes avides de

s'enrichir. Les Portugais avaient donné
l'exemple de cet aveuglement; les Hollandais l'avaient suivi aux dépens des Portugais : les Anglais le suivirent aux dépens
de tout le monde.

Le commerce d'Orient avait fait, jusqu'alors, la fortune des différens peuples
qui négociaient avec les indigènes. Les
républiques de Gênes et de Venise lui
devaient une splendeur que les découvertes des Portugais venaient à peine d'é-
clipser. Les Anglais voulurent se présenter à ce grand marché, et ils parurent,
pour la première fois, au cap de Bonne-
Espérance, en 1582, avec quatre vaisseaux
destinés pour la Chine. Une tempête les
jeta sur les côtes du Brésil; mais le manque de provisions les fit revenir en Angleterre. Francis Drake avait déjà visité les
Moluques, en passant par le détroit de
Magellan et par la mer Pacifique. Après
lui, en 1590, des membres de la Compagnie du Levant, avaient fait un voyage
par terre, dans l'Inde, en suivant la route
d'Alep à Bagdad, et en se dirigeant sur
la côte de Malabar, par le golfe Persique;

mais ce qui excita surtout l'émulation, disons mieux, la jalousie des Anglais, ce fut l'expédition envoyée, en 1595, dans le même but, par les Hollandais. Une association se forma, sur-le-champ, à Londres, avec un capital de 1,800,000 francs : la reine Elisabeth lui conféra quelques priviléges. Elle mit en mer un flotte commandée par le capitaine Lancaster, qui débarqua et fut reçu à Achem, dans l'île de Sumatra, avec les plus grands honneurs. Les Anglais conclurent un traité de commerce avec les souverains du pays, ils obtinrent la permission de bâtir un comptoir, et ils rapportèrent un chargement de poivre des Moluques, après avoir laissé des agens à Bantam et à Java.

Depuis cette époque jusqu'en 1613, l'association entreprit huit voyages. En 1609, le roi Jacques la constitua en corporation perpétuelle; sous la condition que ses priviléges ne porteraient aucun préjudice aux droits et aux intérêts de la nation (1). En 1611, une des flottes de la

---

(1) C'était, ce me semble, une grande con-

Compagnie s'approcha des côtes de l'Inde, et parvint à établir des factoreries à Surate, à Ahmedabad, à Cambaye, à Goga, moyennant un droit d'entrée de trois et demi pour cent, sans autre exaction. Plus tard, elle ravit aux Portugais le commerce de la Perse. Elle s'empara du monopole des soieries, alors très-recherchées ; des laines de Caramanie, des turquoises, des brocards d'or, des tapis, du maroquin, des gommes, des résines, des parfums.

Mais les troubles survenus en Angleterre à l'occasion de la mort de Charles Ier arrêtèrent un moment cette prospérité naissante. Le massacre de l'île d'Amboine restait à venger sur les Hollandais : Cromwell, successeur du malheureux monarque, se chargea de la vengeance, et il déclara à la Hollande cette guerre savante et vigoureuse, la plus célèbre peut-être qui ait été faite sur mer, si on considère le

tradiction : peut-il y avoir un privilége de cette nature qui ne porte quelque préjudice aux intérêts d'une nation? On ne tarda point à s'en apercevoir.

nombre des combats, et le talent des amiraux qui les livrèrent. Les vaincus furent
forcés de désavouer le massacre d'Amboine,
et de payer une pension aux descendans
des victimes de cette catastrophe. Charles II survint, qui bouleversa la métropole et les colonies, par les désordres de
son administration haineuse et corrompue.
Il renouvela les priviléges de la Compagnie
des Indes, et il lui concéda le droit dangereux de saisir et de déporter tous les
citoyens anglais qui trafiqueraient dans
ses limites sans autorisation. En même
tems, il vendait cette autorisation à
d'autres marchands ; et l'on vit bientôt,
dans les Indes, des Anglais qui commer-
çaient sur la parole de leur roi, pour-
suivis avec acharnement par d'autres négocians armés contr'eux au nom du même
roi.

Les Hollandais profitèrent de ces troubles, et firent subir aux Anglais toutes
sortes d'humiliations et d'avanies. Leur
audace alla jusqu'à les chasser ignominieu-
sement de l'île de Banta, en 1680. La
Compagnie indignée, et soutenue de la

colère publique, arma promptement une flotte de vingt-trois vaisseaux, avec huit mille hommes de troupes de débarquement. Cette expédition allait mettre à la voile, lorsque les ordres de Charles II suspendirent son départ. Ce prince espérait que la Compagnie lui paierait fort cher la révocation de ses ordres; mais, n'en pouvant rien obtenir, il accepta 2,250,000 francs, que les Hollandais lui comptèrent pour prix de cette révocation. L'expédition n'eut point lieu.

« La révolution de 1688, qui chassa définitivement les Stuarts du trône d'Angleterre, mit un terme à ces transactions déplorables. Sous le roi Guillaume, un acte du parlement autorisa une nouvelle Compagnie des Indes qui obtint bientôt après le droit de paix et de guerre, et presque tous les attributs de la souveraineté. Du reste, elle était dans l'Indostan sur le même pied que les nabobs, les rajahs, les khans et les autres petits princes devenus successivement indépendans des souverains mogols, tartares ou persans. Depuis ce tems, le privilége de la Com-

pagnie fut renouvelé d'époque en époque
avec toutes les formalités observées en
Angleterre pour la promulgation des lois.
Tantôt on stipulait que le privilége dure-
rait aussi long-tems qu'il ne serait pas révoqué, mais que la Compagnie serait aver-
tie trois ans d'avance de la révocation;
tantôt on fixait un terme d'un certain
nombre d'années pour la durée de son
privilége, et le terme arrivé, on continuait
le privilége, en faisant payer cette faveur
à la Compagnie par des sacrifices qu'elle a
presque toujours éludés.

» Jusqu'en 1753, les possessions ter-
ritoriales et la souveraineté de la Compagnie des Indes ne s'étendaient encore que
sur quelques villes ou plutôt quelques
forts, tels que Madras, destinés à protéger un petit territoire environnant. Mais
vers ce tems, Dupleix, qui commandait les
Français dans l'Inde, homme entreprenant,
capable, et peu scrupuleux sur les moyens
d'arriver à son but, donna le signal d'une
ambition qui servit de prétexte à celle des
Anglais. Madras, alors leur principal éta-

12

blissement dans l'Inde, avait capitulé devant une petite armée française : Dupleix
viola la capitulation, se déclara l'allié d'un
prince indien en guerre avec un autre,
et enseigna aux Anglais cette politique
machiavélique dont ils tirèrent un si grand
parti plus tard, d'intervenir dans toutes
les guerres des souverains du pays , pour
les dominer les uns par les autres. Ils se
déclarèrent en toute occasion, contre ceux
que protégeaient les Français. Un homme
habile , lord Clive, vers le milieu du siècle
dernier, dirigeait les forces de la Compagnie : il finit par obtenir un avantage
complet, non – seulement sur les Français , mais sur les Indous protégés par
eux, et comme on ne s'arrête guère au
milieu d'un succès, les Anglais furent
lancés dans la carrière des conquêtes.
Leur puissance, mise dans la balance de
toutes les querelles qui s'élevaient, en
déterminait communément l'issue en faveur du prince qu'ils protégeaient. Ils
prenaient part aux dépouilles du vaincu,
et le vainqueur leur ayant obligation de sa
couronne , devenait leur tributaire , jus-

qu'à ce qu'ils se sentissent assez forts pour le dépouiller à son tour.

» Tippoo-Saïb, sultan du Mysore, le dernier prince dont la puissance pouvait les faire trembler, est tombé sous les ruines de sa capitale, Seringapatnam, lorsqu'elle fut prise d'assaut en 1799 ; et maintenant, la puissance de la Compagnie s'étend sur tout le cours du Gange jusqu'au-delà de Delhy ; sur toute la presqu'île de l'Inde, sauf quelques points de la côte du Malabar qui obéissent encore aux Portugais, ou à de petits princes musulmans ; sauf encore quelques provinces occupées par les Ma-rattes, et les lieux où existèrent Pondichéry et Chandernagor, qu'on a rendus aux Fran-çais par la paix de 1814, et qui ne servent à rien, si ce n'est à masquer le commerce que des armateurs français font avec les possessions britanniques. On peut donc considérer la domination anglaise comme assurée de l'ouest à l'est depuis l'Indus jusqu'à la rivière Baranpooter, c'est-à-dire depuis les contrées qui avoisinent la Perse, jusqu'à celles qui touchent à la Chine ; et du sud au nord entre la mer

des Indes et les montagnes du Thibet.
Cette vaste étendue de pays est partagée
en un grand nombre de principautés, ad-
ministrées sous différens titres, de nabobs,
de rajahs, par des souverains qui tiennent tous, directement ou indirectement,
leur autorité des Anglais, et gouvernent
sous leur bon plaisir. On peut les regarder
comme des agens fiscaux qui donnent à la
Compagnie une part des tributs qu'ils font
payer à leurs sujets. Lorsqu'ils se montrent
trop peu soumis, on les remplace.

» En même tems, la Compagnie admi-
nistre directement plusieurs grandes provinces où elle a des forces suffisantes pour
tenir le reste en respect. Sa capitale est Calcutta; on y voit tous les établissemens qui
entourent ordinairement le siége d'un
grand empire; beaucoup de fonctionnaires
civils, militaires, judiciaires et beaucoup
de riches Européens qui ont, pour leur
propre compte, des relations de commerce
avec les autres pays de l'Asie et de l'Europe.
Les Européens y sont en général logés
dans des édifices somptueux, et y déploient
un faste asiatique. Ils imitent les riches

Indous et les surpassent en luxe. La population de Calcutta s'élève, dit-on, à six ou sept cent mille habitans, pour la plupart Indous, fabricans et petits marchands qui vivent dans des espèces de chaumières. Elle se compose encore de valets et de porteurs de palanquins, qui sont très-nombreux, et que leur sobriété rend peu coûteux.

» Telle est là situation de la Compagnie dans l'Inde. Mais dans ses rapports avec la métropole, on ne peut la considérer que comme l'intermédiaire de la domination du gouvernement anglais sur cette partie du monde. A mesure qu'elle a étendu son autorité et ses impôts, le gouvernement anglais y a prétendu sa part, quoiqu'elle ait toujours payé les forces militaires que le gouvernement a mises à sa disposition. Il se regarde comme investi des droits de la souveraineté, et par conséquent de celui de lever les tributs, quoiqu'il abandonne pour un tems l'exercice de ces droits à la Compagnie. Dès 1767, lorsque les conquêtes du lord Clive eurent fait d'une société de commerce une véritable puissance, il fut convenu que la

Compagnie paierait annuellement au gouvernement dix millions : mais jamais ces
paiemens ne furent réalisés que très-im-
parfaitement, sous le prétexte des dépenses que la Compagnie était obligée de faire
pour réduire les princes indépendans. En
1773, loin de pouvoir payer quelque chose
sur les revenus de sa souveraineté aux Indes,
elle fut obligée d'emprunter au gouvernement, ou plutôt à la nation, sous la garantie
du gouvernement, trente-cinq millions. En
1785, elle demanda du tems pour acquit-
ter les droits de douane qu'elle devait à la
trésorerie anglaise, et qui se montaient à
des sommes considérables. En 1812, le
gouvernement emprunta encore pour la
Compagnie soixante-deux millions. Tous
ces embarras, et d'autres causes dans lesquelles il est inutile d'entrer, ont mis
graduellement la Compagnie dans l'entière
dépendance du ministère britannique.

» Ses directeurs, qui siègent à Londres, ont l'air d'administrer par leurs
agens, les domaines de la Compagnie,
parce que ces agens sont payés par elle ;
mais en 1784, le ministère se fit autoriser

par le parlement, à nommer un conseil permanent qui porte le nom de Bureau du contrôle, et qui se compose ordinairement du ministre principal, et de ses créatures. C'est avec ce conseil que les directeurs sont obligés de se concerter pour la nomination aux places et pour toutes les opérations militaires et politiques. C'est lui qui gouverne en effet. La nomination à toutes les places qui sont à remplir, soit en Europe, soit en Asie, ou la confirmation de leurs titulaires, ajoute beaucoup aux moyens d'influence et de corruption de la couronne. »

M. J. B. Say auquel j'emprunte, presque textuellement, les considérations qui précèdent, a fort bien démontré (1) qu'on pouvait regarder la Compagnie anglaise des Indes, comme une association tout à la fois commerçante et souveraine, qui, ne gagnant rien ni dans sa souveraineté ni dans son commerce, est réduite, chaque

_____

(1) *Essai historique sur l'origine, les progrès et les résultats probables de la souveraineté des Anglais aux Indes*, pag. 8 et 9.

année, à emprunter de quoi distribuer à ses actionnaires un semblant de profit. Il en conclut qu'il est très-possible que le bail actuel ne soit pas renouvelé en 1834, époque où il doit expirer, et que la dette de la Compagnie pourrait bien être alors déclarée dette nationale. La souveraineté de l'État se trouverait aussi substituée à celle de la Compagnie, et sans doute l'affranchissement du commerce de l'Inde serait le résultat d'un tel événement.

Toutefois, je dois à la vérité de dire que malgré les observations de l'illustre économiste que je viens de citer, cette grande question n'est pas encore éclaircie. M. Tucker a récemment publié en Angleterre un écrit assez remarquable pour attirer l'attention générale, et dont les conclusions, loin d'être aussi défavorables à la cause de la Compagnie que celles de M. Say, tendent au contraire à prouver qu'elle pourra retirer de son commerce un bénéfice net de 450 millions de livres sterling, après avoir payé les dividendes de ses actionnaires, les arrérages des obligations de l'Inde, et pourvu aux frais des établissemens de tout genre qu'elle entretient pour son service. Cette différence énorme d'opinions entre deux écrivains qui s'appuient l'un et l'autre sur des faits, s'explique par quelques considérations particulières : M. Tucker, par exemple, a compté dans l'actif de la Compagnie, les forts, les magasins, les casernes, les arsenaux qui n'ont de valeur réelle qu'entre ses mains, et dont elle ne pourra jamais tirer parti, comme un propriétaire qui vend sa maison. C'est une erreur, mais je devais la soumettre, comme tous les autres détails de cette importante question, au jugement des lecteurs.

Au reste, on doit désirer que l'Inde reste long-tems sous l'influence européenne. Les abus de l'administration anglaise ont beaucoup diminué depuis qu'une multitude d'écrits publiés dans la métropole ont éclairé les esprits sur le caractère des Indous. Ces Indous sont encore ce qu'ils étaient sous Aurengzeb, peut-être même plus industrieux et plus nombreux ; ils seraient les maîtres de leur propre pays, pour peu qu'ils en eussent le désir, et

leurs cinquante mille dominateurs auraient
bientôt disparu devant une population de
soixante-dix millions d'hommes : mais ce
grand troupeau n'imagine guères qu'on
puisse vivre sans maîtres, et il jouit du
présent sans trop songer si son existence
vaut la peine d'être améliorée. Les Anglais
ont pris le parti de respecter leurs préjugés religieux, qui rendent les hommes ré-
signés et dociles, et ils se sont contentés
de répandre sans précipitation les doc-
trines de la philosophie européenne, par
l'introduction du jury et de l'enseignement
mutuel. J'ai sous les yeux des documens
authentiques qui mettent toutes ces vérités dans le plus grand jour.

Les dernières campagnes contre les Bir-
mans ont achevé de consolider la puissance
anglaise sur cette belle partie de l'ancien
monde. Ormus et Macao seront, avant
peu, les deux extrémités de l'imposante
ligne qui s'étend du golfe Persique aux
rives de la Chine, et nous touchons à l'é-
poque où l'on déchirera le voile mysté-
rieux qui couvre ce vaste empire depuis
une foule de siècles. On ne saurait douter

que le commerce et la civilisation n'aient beaucoup à gagner à la révolution qui rapprochera de nous une grande famille de l'espèce humaine ; et le moment n'est pas loin, peut-être, où les peuples d'Europe apprendront que les rivières de la Chine sont couvertes de vaisseaux à vapeur, comme les lacs d'Écosse, des Alpes et de l'Amérique.

CHAPITRE XI.

≈◉≈

Etablissemens des Français dans les deux Indes. — Influence du règne de Louis XIV. — Ruine des compagnies privilégiées.

Nous venons de voir combien il en a coûté au Portugal, à l'Espagne, à la Hollande, à l'Angleterre même, pour être entrés dans la voie des conquêtes, et pour avoir fait un but de ce qui n'avait d'abord été qu'un moyen. La France qui s'est présentée plus tard sur le théâtre des colonies, n'y a pas reçu des leçons moins sévères que les autres puissances; elle a payé, comme elles, du plus pur de son sang le stérile honneur de ses possessions d'outre-mer, dont elle est, grâce au ciel, à peu près délivrée. Cependant, cette fureur de s'expatrier n'a pas saisi la nation

française avec autant de suite et de rapidité que les divers peuples de l'Europe :
riche de son sol et de ses manufactures,
le Français a trouvé sur la terre natale de
quoi fixer plus long-tems ses espérances et
ses goûts. Depuis la mort de saint Louis,
dernier épisode instructif des croisades,
la manie des voyages avait beaucoup diminué ; Philippe-le-Bel lui porta un coup
décisif en favorisant l'agriculture, et en
encourageant quelques fabriques naissantes. Sous son règne, le ministère entreprit
pour la première fois de guider la main
de l'artiste et de diriger ses ouvrages. La
largeur, la qualité, l'apprêt des draps furent fixés, et depuis lors, le progrès des
arts fut proportionné à la décadence de
l'administration féodale.

Les guerres d'Italie, sous Charles VIII
et sous Louis XII, inspirèrent aux Français le goût du luxe qui régnait à Gênes,
à Venise, à Florence, et qui triompha
de l'austérité de quelques souverains. Fran-
çois Ier, en appelant les femmes à la cour,
Catherine de Médicis en passant les Alpes,
donnèrent une impulsion nouvelle aux

arts industriels, en ouvrant des débouchés à leurs produits. Les princes et les
grands y contribuèrent à l'envi par leur
magnificence; bienfaiteurs ignorans, qui ne
surent point s'arrêter, et qui souillèrent par
l'introduction de mille abus, une époque
destinée à changer la face du commerce!

Etouffée par le tumulte des guerres de
religion et des guerres civiles, l'industrie
sembla renaître sous le ministère économe
de Sully. Ce grand homme s'occupa du
bonheur de la France en père de famille,
et il commença l'immortel ouvrage dont
l'achèvement était destiné au génie de
Colbert. Colbert trouva le commerce dans
l'enfance, et les négocians dépourvus de
principes ou d'instruction. Les Anglais et
encore plus les Hollandais faisaient par
leurs vaisseaux presque tout le commerce
de la France; les Hollandais surtout, char-
geaient dans nos ports nos denrées qu'ils
distribuaient dans toute l'Europe. Quelques changemens essentiels leur enlevèrent ce privilége. Les ports de Marseille
et de Dunkerque furent déclarés francs,
et l'on vit bientôt le commerce du Levant

attiré à Marseille, et celui du Nord à Dunkerque.

La France a de grandes obligations à Louis XIV du bien que son ministre lui a fait. C'est lui qui établit la Compagnie des Indes occidentales et celle des Indes orientales, et qui les soutint avec énergie en invitant toute la noblesse à leur confier des capitaux. Le roi donna plus de six millions; la reine, les princes, la cour, deux millions; les financiers, une somme égale à celle de la cour. Poudichéry devint la rivale de Batavia. Les fabriques de toute espèce furent encouragées par des avances, des gratifications. On fit du drap dans Abbeville; et, en 1669, on compta quarante-quatre mille deux cents métiers en laine dans le royaume. La culture du mûrier mit les fabricans en état de se passer des soiea étrangères, et les glaces des manufactures royales éclipsèrent bientôt celles de Venise. Les tapis de Turquie et de Perse furent surpassés à la Savonnerie. Les tapisseries de Flandre cédèrent à celles des Gobelins. Seize cents filles furent occupées aux ouvrages de dentelle; on fit venir trente principales ouvrières de Venise et deux cents de Flandre ; on leur donna trente-six mille francs pour les encourager. Les manufactures de draps de Sédan, celles des tapis d'Aubusson, dégénérées et tombées, furent rétablies. Les riches étoffes où la soie se mêle avec l'or et l'argent se fabriquèrent à Lyon, à Tours, avec une industrie nouvelle. Le roi achetait tous les ans pour environ huit cent mille francs de tous les ouvrages de goût qui sortaient des ateliers de son royaume (1).

Malheureusement, Louis XIV se laissa persuader que l'excès des dépenses royales devait conduire ses peuples au comble de la fortune, comme si ces dépenses mêmes n'étaient pas le fruit de leurs sueurs : de là vinrent les folies de Versailles, et cette folie des guerres, plus grande encore, qui mit la France à deux doigts de sa perte. Je ne parle pas des persécutions exercées contre les protestans, triste et fatale er-

---

(1) Voltaire, *Siècle de Louis XIV*, chap. 29.

reur arrachée à ses vieux jours par une vieille maîtresse, et cruellement expiée par la solitude de son lit de mort : les proscriptions plus longues et plus atroces qui ont souillé des tems plus rapprochés du nôtre, ne nous permettent pas d'être trop sévères, et il n'est plus décent pour un Français du XIXe siècle de se joindre au cortège insultant qui accompagna les restes du grand roi. Nous avons vu, naguères, les protestans persécutés par des hommes qui n'avaient pas bâti les Invalides, ni creusé le canal du Languedoc, ni cons— truit cinq ou six cents navires de haut bord.

Ce fut pour protéger ses colonies nais— santes et pour humilier la Hollande, que Louis XIV mit la marine sur un pied aussi formidable. Il eut des flottes de cin— quante vaisseaux de ligne, pour défendre Cayenne et Madagascar, deux vastes ci— metières d'Européens, et Saint-Domingue, tombeau de tant de noirs, dont la pous— sière, arrosée de sang français, devait si tôt enfanter une république. Combien de tems nous avons ressemblé à ces Turcs qui

perdirent deux cent mille hommes pour
la conquête stérile de Candie ! Combien
de sang versé et de capitaux engloutis
pour acquérir ou pour défendre une bi-
coque en Orient ! Combien de ruines et
de larmes, pour quelques arpens de neige
au Canada ! Certes, la vérité qui eût pré-
venu ces malheurs, doit avoir maintenant
bien des charmes aux yeux des peuples ;
et quand il reste démontré que la perte
de nos colonies a été un bonheur pour la
France, quand cette même France est
plus riche et plus prospère depuis qu'elle
s'en est séparée, faut-il recommencer des
lamentations ridicules, et regretter de n'a-
voir pas acheté au prix de cent ans de
guerre, de vingt batailles navales et de
plusieurs centaines de millions, l'avantage
de payer quelques centimes de moins le
poivre et la cannelle !

Un précis de ces longs démêlés fera
ressortir dans tout son jour l'importance
des saines théories commerciales. Colbert,
séduit par les apparences et surtout par le
tableau de la prospérité hollandaise aux
Indes orientales, fit accorder un privi-

lège de cinquante ans à la Compagnie qui
se présenta la première pour exploiter
cette partie du monde. Madagascar, avec
ses côtes malsaines, fut destinée à être le
berceau de la nouvelle association ; mais
au lieu de profiter de quelques avantages
réels que présentait cette grande île de
plus de trois cents lieues de long, on dé-
pensa beaucoup d'argent inutilement, et
Madagascar fut abandonnée cinq ans après
l'arrivée des Français. Surate devint leur
entrepôt, et de notre long séjour dans
cette ville commerçante, nous n'avons
rapporté que les matériaux de l'opéra de
Bayadères. Une entreprise sur l'île de
Ceylan échoua en 1674, et la tentative
de s'établir à Siam n'eut point de succès,
malgré l'ambassade envoyée à Louis XIV,
parce que les facteurs de la Compagnie s'é-
rigèrent tout-à-coup en missionnaires. Au
Tonquin, à la Cochinchine, on ne fut
pas plus heureux. Les Hollandais nous sus-
citaient partout des ennemis, et Pondichéry qu'ils prirent en 1693, ne fut res-
tituée aux Français qu'à la paix de Riswick.

La Compagnie des Indes, source de tant d'espérances, commença dès lors à déchoir rapidement. Il fallut abandonner les établissemens de Bantam, de Rajapour, de Tilseri, de Mazulipatam, de Bender-Abassi et de Siam, parce qu'on ne pouvait plus les soutenir. Tout ce luxe de comptoirs, quoiqu'ils fussent protégés par la vanité nationale, entraînait la Compagnie vers sa ruine. Elle demanda bientôt de nouveaux secours, et consentit, dans ses momens de détresse, à partager pendant cinq ans avec tous les Français les avantages du commerce de l'Inde, à condition que ce commerce se ferait sur ses vaisseaux. Mais la rage du monopole l'emporta sur la nécessité même, et, quoique mourante en 1714, la Compagnie voulut faire renouveler le privilège dont elle avait usé, dirai-je avec succès, pendant un demi-siècle.

La mort de Colbert, suivie de l'altération des monnaies, des réductions forcées d'intérêts et des engagemens les plus téméraires, amena un discrédit universel.

Les consommations diminuèrent avec la production, la culture des terres fut négligée : les ouvriers passèrent à l'étranger. Le système de Law acheva de bouleverser la fortune publique, et la Compagnie, réduite à vivre d'exactions, présenta le spectacle d'odieux monopoleurs, plutôt que de négocians. En vain l'administration de Dumas à Pondichéry, celle de La Bourdonnais à l'île de France, et les talens de Dupleix à Chandernagor relevèrent la puissance française dans l'Inde ; il fallut céder après de brillans et inutiles exploits : Pondichéry fut prise par les Anglais qui la réduisirent en cendres. On sait comment, à force de cris et de plaintes, les habitans de cette ville détruite firent condamner à mort le gouverneur Lally, dont la mémoire fut réhabilitée dans la suite, grâce à l'éloquente philippique de son fils (1). Ainsi finit, comme toutes les au-

---

(1) Aujourd'hui comte de Lally-Tolendal, pair de France.

tres, la Compagnie française des Indes
orientales, après avoir prouvé que le
commerce ne peut se soutenir long-
tems à l'aide du monopole et des conquêtes.

Le même sort attendait la Compagnie
des Indes occidentales, appuyée sur les
mêmes principes. Dirai-je par quelle suite
d'événemens analogues, il ne nous reste
rien de ces établissemens magnifiques,
entretenus à si grands frais à Ste.-Lucie,
à St.-Domingue, à la Louisiane et dans
les autres contrées du Nouveau-Monde?
Mais j'expose ici des résultats; j'examine
si les mêmes causes ne produisirent pas
toujours les mêmes phénomènes, et je
suis dispensé d'entrer dans les détails.
Que de livres aujourd'hui superflus, ont
été faits sur ces matières jadis si importantes! Combien les petits intérêts de
Pondichéry en ruines, des îles Bourbon,
de la Martinique, et de la Guadeloupe
sont mesquins de nos jours en compa-
raison des hautes questions qui se rattachent à l'industrie nationale! Ainsi le

tems s'avance, destructeur et régénérateur
des peuples : sa marche est éclairée par
l'expérience qui désabuse les hommes de
l'erreur, et la vérité brille immortelle devant lui.

CHAPITRE XII.

De la puissance commerciale du Danemarck, de la Prusse, de la Suède et de la Russie.

QUOIQUE le Danemarck, la Suède, la Prusse et la Russie n'aient pas influé d'une manière aussi remarquable sur la direction du commerce et de l'industrie, que Venise, le Portugal, la Hollande, l'Espagne, l'Angleterre ou la France, ces différentes puissances n'en ont pas moins concouru au développement des facultés humaines dans leurs rapports avec la fortune publique. Les villes anséatiques avaient partagé dans un tems le sceptre du commerce avec la riche et brillante Italie, et les Danois s'étaient montrés avec succès dans

le Tanjaour, où ils avaient bâti la ville de
Trinquebar. Sous Gustave-Adolphe, les
Suédois, soutenus du produit de leurs
inépuisables mines, jetèrent les fondemens
d'une colonie dans l'Amérique septentrionale. Les Russes, voisins des Chinois,
n'étaient que des sauvages avant Pierre-le-
Grand, mais ils sont devenus formidables
depuis leur entrée en Europe. Quelles
que soient les limites imposées à cet écrit,
nous devons un souvenir aux premiers
efforts de ces peuples que le tems a si fort
aggrandis, et qui pèsent aujourd'hui d'un
poids énorme dans la balance des nations.

La nature semblait avoir destiné les Danois à dominer dans la Baltique. Maîtres
du passage du Sund, et placés à l'avant de
la Suède et de la Russie, ils pouvaient ouvrir et fermer cette mer à leurs amis ou à
leurs ennemis. Ils étaient riches en bois de
construction, familiarisés, comme les Portugais avec le spectacle des tempêtes, et
exercés à la navigation par le métier de
pirates. Ils ont long-tems conservé des
traces de leur culte effroyable d'Odin ; et,
réduits à subsister de la pêche, ils étaient

faits pour s'enrichir par elle. Mais leurs
longues disputes avec les Suédois, et une
suite de tyrans, comme le ciel en envoie
rarement dans sa colère, ont suffi pour les
priver des avantages de leur position géographique. L'établissement du Tanjaour
n'eut réellement qu'une existence éphémère : les Danois avaient voulu payer leur
tribut de curiosité aux Indes Orientales,
et ils créèrent une Compagnie qui fut ruinée. Je ne parlerai pas de leurs possessions
en Islande, ni au Groënland, ni dans ces
régions voisines du pôle, où l'espérance
de découvrir un passage en Amérique,
attire de tems en tems quelques vaisseaux.
La connaissance de ces pays est aussi stérile qu'eux, et n'entre point dans le plan
de l'histoire commerciale du monde. Au
reste, la situation du Danemarck, le génie
de ses habitans, et son degré de puissance
relative, lui interdisent un commerce éloi-
gné. Ses provinces ne sont pas assez riches
pour fournir les sommes nécessaires aux
grandes spéculations ; et l'état où elles ont
été réduites par les malheurs de la guerre,
la perte du Sund et le bombardement de

Copenhague par les Anglais, ne laissent aux Danois, peuple sage, laborieux et simple, que les ressources du cabotage et de l'agriculture, pour relever leur commerce.

Les Suédois, plus fiers et plus actifs, ont toujours été en mouvement depuis la fameuse union de Calmar, c'est-à-dire, depuis la fin du XIVe siècle. Leur monarchie, élective comme celle de Pologne, était singulièrement favorable aux dissentions civiles qui ruinent le commerce. Depuis que ses marins s'étaient dégoûtés de la piraterie, ceux de Lubeck leur avaient succédé dans toutes les entreprises commerciales, et les villes anséatiques avaient fini par rendre à la Suède toute concurrence impossible avec elles. Cette dépendance blessa l'ame fière de Gustave Vasa. Il voulut rompre les liens qui enchaînaient au dehors l'industrie de ses sujets; mais il mit trop de précipitation dans ses mesures. Avant d'avoir construit des vaisseaux, avant d'avoir formé des négocians, il ferma ses ports aux navires de Lubeck. Il n'y eut plus dès-lors aucune communication entre les Suédois et les autres peuples : à peine on vit quelques vaisseaux anglais ou hollandais paraître à de longs intervalles sur les côtes de la Suède. Gustave-Adolphe, en montant sur le trône, essaya de remédier à ces maux par des changemens utiles ; il ranima l'agriculture, encouragea l'exploitation des mines et forma des Compagnies pour la Perse et les Indes occidentales. Le pavillon suédois se montra avec honneur dans tous les parages de l'Europe ; maîtres d'un métal plus indispensable que l'or, et semé avec profusion dans leurs nombreuses mines, les Suédois auraient parcouru avec de grands succès les provinces de l'Amérique, et soutenu l'impulsion donnée à leur commerce, si la manie des combats n'avait saisi la nation toute entière. Depuis Gustave-Adolphe jusqu'à nos jours, la Suède a présenté l'image d'un camp ; ses temples, ses châteaux ont été décorés de trophées : on eût dit que ses mines de fer étaient devenues des arsenaux de destruction, sous Charles XII. Cet homme extraordinaire entraîna son royaume sur le bord d'un abîme, et on ose à peine assurer s'il n'y est point encore, puisqu'il se trouve en présence de la Russie, telle qu'elle s'est accrue depuis Pierre-le-Grand.

Que dirai-je de la Prusse? ce n'est pas par sa marine et par son commerce qu'elle a brillé parmi les peuples. Elle n'est entrée dans la balance de l'Europe qu'au commencement du siècle dernier, lorsque l'ambitieux Frédéric, électeur de Brandebourg, sollicita de l'Empereur le titre de roi. Personne n'ignore comment cette petite monarchie s'est élevée rapidement au rang des puissances influentes, et combien de fois, réduite à la dernière extrémité, elle a reparu sur la scène, plus puissante et plus hardie : la France sait ce qu'il lui en a coûté pour ne l'avoir point achevée sur le champ de bataille d'Iéna. Le commerce du monde n'a rien de commun avec elle, et ses produits s'écoulent par l'Elbe, Dantzick et Memel, sans contribuer d'une manière notable à la fortune des nations. Souhaitons-lui des rois pacifiques.

La Russie, qui comptait à peine au rang des nations policées avant Pierre-le-Grand, forme aujourd'hui un vaste empire, une

14.

partie du monde. Elle étend ses vastes bras
de la mer Glaciale à la mer Noire, et de
l'Allemagne jusqu'à la Chine : elle a des
ports sur la mer Caspienne et sur la Baltique ; au sud, elle menace la Turquie ;
par la Pologne, elle pèse sur l'Europe ;
par Odessa, elle entre dans la mer Noire ;
elle est maîtresse de la Crimée qui ferme la
mer d'Azoff ; elle a un pied à terre en Amérique. On y trouve les productions de
tous les climats et les marchandises de
toutes les nations. La plupart de ses rivières, le Volga, le Don, le Dniéper, sont
navigables et sillonnent, comme autant de
d'artères, son immense surface. Il n'est
point d'état, en un mot, plus avantageu-
sement situé pour le commerce. Quelle
heureuse variété de territoires entre Pétersbourg, Astrakan et Odessa ! quelle étude
que celle de tous leurs produits et de leurs
rapports avec les puissances commerçantes
limitrophes ! et combien l'Europe semble
peu attentive à cette grande fermentation
industrielle qui bouillonne sous les glaces
de l'ancienne Moscovie !

Un seul homme, Pierre-le-Grand, a

rassemblé dans un foyer commun ces rayons de lumière et de prospérité future ; il a créé la marine russe, frappé d'une main vigoureuse les antiques abus, et il s'est fait charpentier pour avoir une flotte. Sur le golfe de Finlande, il a bâti une des plus belles villes du monde ; il a peuplé Astracan d'Indiens, et dans Orenbourg, qui chaque jour devient plus importante, il a ouvert un asile à tous les proscrits de la Perse et de l'Inde. Le commerce extérieur naquit sous ses auspices. On se rapprocha intimement de la Chine avec laquelle on avait conservé, depuis 1689, des relations de bienveillance, et l'on en tira des fourrures, de l'or, de l'argent, des pierreries et des productions de toute espèce. Au moment où j'écris, on pourrait composer un gros volume des seules exportations qui se font d'un pays à l'autre, et qui embrassent presque tous les genres de fabrication.

Un système plus doux succède peu à peu au régime de l'esclavage, et l'affranchissement des paysans s'opère graduellement. La Pologne, enclavée dans l'Empire,

renonce à ses habitudes turbulentes et
guerrières, pour devenir laborieuse ; Saint-
Pétersbourg et Odessa s'enrichissent par
le commerce; et sur les cendres de Moscou,
à peine refroidies, s'élève une ville nouvelle. Le système des colonies militaires,
récemment adopté et mis en exécution par
l'empereur, a transformé les paysans de
la couronne en soldats cultivateurs : les
voilà propriétaires, producteurs et guerriers. Mais si la paix reste au monde, le
commerce n'ira-t-il point offrir ses débouchés à ce peuple de laboureurs ; et les
habitudes militaires ne disparaîtront-elles
pas devant les douceurs de la possession,
et les affections de la famille? Quelques
hommes paraissent redouter en Europe ce
développement de la nation russe, et déjà
on sonne l'alarme à propos des colonies
militaires : on ne fait pas attention que
plus les peuples travaillent, plus ils sont
portés à la paix, et que par conséquent
ils s'attachent davantage à leurs droits,
rarement attaqués, lorsqu'ils sont bien
compris.

La Russie est destinée à devenir une

des contrées du monde les plus commerçantes : elle sera l'entrepôt des marchandises de la Chine, lorsque la Chine sera
ouverte ; elle unira l'Occident à l'Orient
par terre, comme les Anglais l'ont uni par
mer ; elle nous apportera les fourrures de
la Sibérie et les laines du Thibet, l'ivoire
des terres polaires et les soies de Péking.
La civilisation y pénètre de toutes parts :
elle y marchera d'un pas rapide sous les
auspices du commerce, et nous verrons
bientôt des bazars magnifiques dans les
lieux où nos ancêtres n'avaient rencontré
que des tentes de Scythes.

CHAPITRE XIII.

Emancipation des Colonies anglaises de l'Amérique septentrionale.

Les Anglais que nous avons laissés si puissans aux Indes orientales, n'avaient pas borné leurs conquêtes dans cet hémisphère, et de bonne heure ils avaient formé des colonies dans l'Amérique du Nord. Leur origine était plus respectable que celle de toutes les autres colonies du monde. Dans plusieurs endroits, les Européens avaient acheté des indigènes la permission de s'établir sur leurs terres, et le droit d'augmenter ces établissemens. La Pensylvanie était un bien aussi légitimement acquis aux Anglais, qu'une propriété achetée aux environs de Londres. Penn y transporta les principes de tolérance et de modération qui faisaient la base de son caractère, et les persécutions religieuses des Stuarts lui valurent beaucoup de prosélytes. Bientôt il se vit à la tête d'une nombreuse population de Hollandais, de Français, de Suédois, d'Allemands, que les troubles religieux avaient forcés de s'expatrier. Philadelphie mérita le nom de *l'amitié fraternelle* qui unissait ses habitans. Le Maryland, la Virginie, les deux Carolines devinrent des provinces considérables, et l'Europe apprit qu'il existait une civilisation dans l'Amérique du Nord.

Les Anglais se hâtèrent de l'exploiter avec les sentimens de paternité ordinaires des métropoles. On défendit aux colons de s'occuper des manufactures, on imposa des restrictions odieuses à leur commerce, on essaya de les taxer sans leur consentement ; en un mot, on oublia qu'ils étaient Anglais, et qu'ils ne sacrifieraient pas sans résistance des droits dont la défense leur avait coûté tant de sang sous les Tudors. Le parlement, où ils n'étaient pas représentés, voulait disposer de leurs fortunes, de leur commerce, de leur avenir, comme d'une propriété nationale. Ils furent forcés de verser dans la métropole toutes leurs productions, même celles qui ne devaient pas y être consommées, et d'y acheter toutes les marchandises, même celles qui venaient des nations étrangères. Cette impérieuse et stérile contrainte, chargeant les ventes et les achats des Américains de frais inutiles, arrêta nécessairement leur activité, et diminua leur aisance. Une pareille tyrannie enfanta la contrebande, messagère des révolutions.

Pendant qu'elle protestait de fait contre les prohibitions, les colons faisaient des remontrances au parlement d'Angleterre. Ils exposaient que le travail des champs n'occupant pas les habitans toute l'année, ce serait un abus révoltant de les obliger à perdre dans l'inaction le tems que la terre ne leur demandait pas, et que les produits de l'agriculture ne fournissant point à toute l'étendue de leurs besoins, c'était les réduire à la misère que de les empêcher d'y pourvoir par un nouveau genre d'industrie. Après les plus grands débats, on se rendit à des argumens qui étaient sans réplique. On fit quelques modifications à l'ancien système, mais avec des restrictions qui les rendaient presque inutiles. Un ouvrier ne put travailler qu'après sept ans d'apprentisage; un maître ne put avoir plus de deux apprentis à la fois, ni employer aucun esclave dans son atelier. Les mines de fer furent soumises à des réglemens plus sévères encore: on ne permit pas aux Américains de fondre ce métal, de le tourner, de le façonner, d'en faire de l'acier; il fallait le porter brut en Angleterre, et le recevoir manufacturé des forges de la métropole. Les importations et les exportations reçurent des entraves dont la seule idée nous révolte aujourd'hui; mais on s'était habitué à regarder les Américains comme des étrangers; on traitait en peuple conquis ces mêmes hommes qui avaient connu la liberté anglaise, et qui en transmettaient chaque jour, au-delà des mers, les principes à leurs enfans.

Ce système, à peu près calqué sur celui des Espagnols dans le même hémisphère,

15

ne tarda point à détacher les colonies de
la mère-patrie. Les générations nouvelles
en perdirent le souvenir, à mesure qu'elle
se montrait plus marâtre à leur égard, et
elles cherchèrent à lui échapper. Quelques
circonstances particulières hâtèrent ce mouvement, en 1763. L'Angleterre sortait
d'une longue et sanglante guerre, où ses
flottes avaient paru avec honneur sur toutes
les mers, et avaient accru sa domination,
déjà trop vaste, d'un territoire immense
dans les deux Indes. Cet éclat pouvait en
imposer au dehors ; mais, comme il arrive
presque toujours en pareil cas, la nation
était réduite à gémir au-dedans de ces coûteuses et sanglantes acquisitions. Parta-
geant le fardeau commun de la dette nationale, les ports n'expédiaient rien pour
l'étranger, et n'en faisaient rien venir qui
ne fût sujet à des droits d'entrée et de sortie exorbitans. Les matières premières et
la main d'œuvre s'étaient élevés si haut
dans la Grande-Bretagne, que ses négocians se voyaient supplantés dans des contrées où ils n'avaient pas même éprouvé
jusqu'alors de concurrence. C'était le mo-

ment de laisser reposer les peuples au lieu de les aigrir.

Dans cet état de choses, l'Angleterre eut recours à ces mêmes colonies dont elle exploitait si énergiquement la résignation. C'était un usage passé en principe, que toutes les fois que la métropole demandait des subsides, ils fussent accordés à titre de dons et non de taxes, et après des délibérations libres et publiques, dans les assemblées de chaque établissement. Les provinces du Nouveau-Monde étaient accoutumées à regarder comme un droit cette manière de fournir leur contingent; mais la mère-patrie, gouvernée par un ministère entreprenant et téméraire, ne tint point compte de ce droit, qu'il aurait fallu ménager avec prudence, quand même il n'eût été qu'une prétention. Les Américains étaient fermement résolus à le soutenir.

Quoi qu'il en soit, l'an 1764 vit éclore ce fameux acte du timbre qui défendait d'admettre dans les tribunaux tous les titres qui auraient pas été écrits sur du papier timbré, et vendu au profit du fisc.

Les provinces anglaises du nord de l'Amérique s'indignent toutes contre cette usurpation de leurs droits les plus précieux et les plus sacrés. D'un accord unanime, elles renoncent à la consommation de toutes les exportations de la métropole, jusqu'à ce qu'elle ait retiré ce bill oppresseur. Les femmes sont les plus ardentes à s'imposer des sacrifices; les hommes se trouvent heureux de les imiter. Une foule de cultivateurs se vouent à l'industrie, à la fabrication des objets d'une consommation indispensable, et l'on voit s'exécuter soudain ce conseil prophétique de l'illustre Franklin : « Le soleil de la liberté vient de se coucher : allumons les flambeaux de l'industrie. » La chambre des bourgeois de Virginie protesta contre le bill; à Boston, il y eut des soulèvemens; on brûla les maisons des percepteurs. A New-York, on criait la loi du timbre en ces termes : « Folie de l'Angleterre, et ruine de l'Amérique. » Les notaires, les avocats jurèrent de ne point employer ce papier. Lorsqu'il arriva dans les ports, les vaisseaux mirent leurs pavillons en berne, les cloches retentirent de tintemens funèbres, le peuple se précipita sur les ballots pour les brûler ; si bien que lorsque le terme fixé pour l'émission fut arrivé, il n'y avait presque plus de papier timbré.

L'Angleterre était alors gouvernée par ce ministère corrupteur et violent qui a été flétri par les célèbres lettres de *Junius*. Des partisans exaltés de la cause américaine s'écriaient dans le Parlement que l'impôt du timbre était odieux et qu'il fallait se hâter de le supprimer ; la nation y joignit ses clameurs ; le bill fut révoqué. L'Europe entière semblait avoir adopté cette cause : les conséquences offensantes de l'acte de navigation avaient aigri toutes les puissances, et l'Amérique eut pour partisans, bientôt après pour auxiliaires, les principaux souverains, jaloux de la fortune anglaise. Mais le ministère qui avait cédé à l'orage pour l'impôt du timbre voulut se dédommager par des mesures équivalentes : il fit décréter l'impôt du thé.

Cette nouvelle fut accueillie par un soulèvement général d'indignation. Dans quelques provinces, on arrête des remercî-

15.

mens pour les navigateurs qui avaient re-
fusé de prendre cette denrée à leur bord;
dans d'autres, elle est refusée par les négocians. Ici, on déclare ennemi de la patrie quiconque osera vendre du thé; là,
on flétrit d'avance ceux qui en conserve-
ront dans leurs magasins. Chacun s'en
impose volontairement la privation. A
New-York, à Philadelphie, à Charlestown,
le thé ne fut pas reçu; à Boston, lorsque
les vaisseaux qui en étaient chargés arrivèrent, le peuple entier marcha au port
et jeta les caisses à la mer. On peut dire
que la révolution était commencée. Lorsqu'un profond ressentiment existe au fond
des cœurs, la plus petite étincelle suffit
pour en déterminer l'explosion.

Les Anglais irrités frappent d'interdit
le port de Boston, et ordonnent qu'il
sera fermé; c'était mettre le feu aux poudres. Des proclamations énergiques se répandirent de toutes parts, excitant les
Américains à l'insurrection, qui fut organisée le 14 septembre 1774, au congrès
de Philadelphie. Franklin rédigea la fameuse
déclaration des droits de l'homme, depuis

lors quelquefois parodiée, mais qui n'en restera pas moins un monument impérissable du bon sens et de la sagesse des Américains. De leur côté, les Anglais se disposaient à prendre l'offensive, et à faire rentrer les insurgés dans l'obéissance. Pendant qu'ils levaient des armées et qu'ils équipaient des flottes, des écrits ingénieux et piquans préparaient les esprits à la résistance et servaient d'aliment à l'insurrection. Celui qui portait le titre de *sens commun* est resté célèbre. Enfin, le 4 juillet 1776, le congrès déclare solennellement l'indépendance des colonies anglaises qui prennent le nom d'États-Unis. Cette déclaration immortelle, attribuée aussi à Franklin, est un des plus beaux chefs-d'œuvre de la raison humaine.

On sait la longue guerre qui s'en suivit, et qui mit tant de fois en péril l'indépendance américaine. La capitulation du général Burgoyne à Saratoga en fut le plus intéressant épisode; il décida la France à déclarer la guerre à l'Angleterre et à soutenir les insurgés. Une flotte et une armée française abordèrent en Amérique. Un

jeune homme, M. de Lafayette, à peine âgé
de vingt ans, vint s'offrir, comme simple
volontaire, au service de cette noble cause;
il apportait aussi le tribut d'une partie de
sa fortune, précieuse avance qui devait
être acquittée, après un demi-siècle, par
les bénédictions de dix millions d'Américains.

Les Anglais tombèrent en hommes. A
peine la France était-elle alliée aux insurgés, que l'Espagne et la Hollande vinrent
se joindre à la coalition, et donnèrent
au monde le spectacle vraiment nouveau
d'une alliance de rois combattant contre
une monarchie, pour l'émancipation d'une
république. On n'ose dire si leur prévoyance fut juste; mais les Anglais ont été
bien vengés. Ils firent des efforts inouïs
pour lutter avec honneur contre une tempête aussi terrible : lord Chatham, qui dé-
sapprouvait la guerre, voulut qu'elle de-
vînt nationale, dès que l'étranger dicta
des conditions. La postérité a recueilli
l'admirable discours qu'il prononça dans
cette circonstance mémorable; l'humanité
n'oubliera pas non plus l'éloquente apos-

trophe adressée au ministre qui avait proposé
d'armer des sauvages contre les insurgés.

Mais le terme de la lutte approchait.
En vain les Anglais envoyaient des armées nouvelles pour soutenir leurs armées
battues : leur constance échoua devant le
caractère de Washington. On peut dire
que ce grand homme fut le génie tutélaire
de sa patrie. C'était une de ces ames supé-
rieures qui se retrempent dans l'adversité,
et que les nations n'enfantent que dans les
jours de leur plus noble enthousiasme. A
peine élevé au rang suprême, il s'empressa
d'organiser l'armée, de veiller aux soins
de l'administration intérieure, et de pourvoir à la sûreté des états. Il fut tour-à-
tour vainqueur et vaincu, obligé de faire
tête à l'ennemi et de calmer les mécontens,
qui étaient en grand nombre dans un pays
où la guerre coûtait cent millions par an,
quand le trésor n'en rapportait pas plus
de quarante : mais enfin sa persévérance
l'emporta, et le général anglais Cornwallis
mit bas les armes devant lui. La reconnaissance des États-Unis par l'Angleterre fut
signée à Paris le 23 septembre 1783.

Le 24 décembre de la même année, Washington remit entre les mains du congrès la dictature dont ses concitoyens l'avaient investi. Je voudrais pouvoir décrire ici cette scène majestueuse et touchante ; mais le souvenir en est dans tous les cœurs et fera couler des larmes d'admiration chez nos derniers neveux. Tant qu'il y aura des hommes dignes d'apprécier les charmes de la vertu et de la liberté, les noms de Washington et de Franklin brilleront d'une gloire sans tache ; les guerriers se souviendront toujours de la lettre que le premier écrivait des bords du Potomak, après sa retraite des affaires, et les commerçans méditeront *la science du bonhomme Richard*, ce modèle de sagesse, de naturel et de simplicité.

Quel grand spectacle la révolution d'Amérique a donné au monde ! quelles routes brillantes elle a ouvertes au commerce et à l'industrie ! quelles douces consolations elle offre à l'homme de bien ! On ne sait ce qu'on doit le plus admirer ou de la grandeur de ses résultats, ou de la noblesse de ses exemples ; car elle a triomphé par la raison autant que par les armes, et l'humanité a béni ses victoires. Quand elle a commencé, cinquante ans déjà passés, l'état n'avait pas trois millions d'habitans : il en compte aujourd'hui près de dix. Les arts et l'agriculture languissaient : ils produisent chaque année pour plus de cent millions de francs, en coton seulement ; la marine était anéantie : aujourd'hui elle règne dans le Nouveau-Monde; que l'ancien voie et juge...

CHAPITRE XIV.

Influence de la révolution française sur le commerce et l'industrie.

L'INSURRECTION des colonies améri-
caines, soutenue par Louis XVI, avait
répandu une foule d'idées nouvelles, et
donné un démenti formel aux partisans du
système colonial. On avait vu de près les
abus du monopole, le scandale des fortunes mal acquises et tous les petits détails
de la tyrannie métropolitaine. Les Français avaient fait connaissance avec Washington, Franklin, Adams et la plupart
des grands citoyens que l'émancipation venait de produire ; le monde avait salué de
ses applaudissemens la reconnaissance de
l'indépendance des États-Unis. Une ère

nouvelle commençait pour le commerce, lorsque la révolution française éclata sur l'Europe comme un coup de tonnerre.

Au bruit de ses foudres, l'univers ému prêta l'oreille ; les monarchies, les républiques, ébranlées jusque dans leurs fondemens, furent forcées de s'attacher à elle pour se tenir debout, et devinrent ses satellites pour n'être point brisées dans sa course. Un instant, dans toute l'Europe, on ne fit plus que de la poudre, des canons, des fusils et des balles ; c'était là ce qu'échangeaient les peuples, et ce qu'on était sûr de rencontrer sur leur passage, comme des laves brûlantes sur la pente d'un volcan. Le fer destiné à féconder le sein de la terre, ne servit plus qu'à percer le sein des hommes, et, du nord au midi, la fortune vit ses autels abandonnés pour les lauriers sanglans de la victoire.

Je sens que ces grands souvenirs me transportent ; à la lueur de tant d'incendies j'ai peine à suivre les traces du commerce et de l'industrie. En Égypte, en Syrie, sur la cime des Alpes ou de l'Apennin, dans Rome ou dans Moscou, je vois par-

tout du sang, des trophées, de la gloire :
il me semble que les hommes n'ont plus
de patrie que l'espace, et de besoins que
les batailles. Ils n'achètent plus, ils en-
lèvent; ils ne vendent point, on les dé-
pouille ; et les intérêts du poivre et du
café paraissent bien mesquins devant ces
terribles appareils de la conquête et de la
destruction !

Cependant, un monde nouveau s'élance
rayonnant de jeunesse, du milieu de ces
tourbillons de feu et de fumée: les prodiges
de la création se renouvellent, comme au
jour de la sortie du chaos. La propriété
territoriale, jadis compacte et négligée,
se subdivise et s'améliore; les ateliers
s'ouvrent, les arts profitent de l'activité
de la guerre pour augmenter les productions qui font naître l'amour de la paix; la
marine reprend son essor, et reparaît sur
les mers, sinon toujours avec succès, jamais du moins sans honneur et sans gloire.
Les peuples, long-tems parqués dans leurs
limites comme d'immobiles troupeaux,
voyagent, se pressent, se heurtent, et du
choc font jaillir la lumière; les communi-

cations se multiplient, et avec elles, les relations commerciales, l'instruction, les idées. La patrie, jusque-là mère souvent aveugle, donne les mêmes droits à tous ses enfans; et si quelques-uns d'entr'eux, amis du privilège, ont osé, dans un jour de colère, lever la main sur elle, plus tard elle leur tendra les bras, pour les réchauffer sur son sein.

Ils sont passés ces jours de fièvre et de délire, pendant lesquels une grande famille de l'espèce humaine brusquement affranchie, donna au monde le spectacle d'un combat de gladiateurs, dans un cirque de huit cents lieues de diamètre. Nous ne reverrons plus, s'il plaît à Dieu, les saturnales de Saint-Domingue, où tant de sang français a coulé sous le couteau des noirs, violemment émancipés comme nous. Quelles épouvantables leçons l'ancien continent a, depuis, reçues du nouveau! et qui peut dire où s'arrêtera le cours de ces enseignemens pathétiques! C'est la révolution française qui les a donnés à l'univers, et qui a fini par les subir à son tour. C'est elle qui a émancipé les deux mondes, et imprimé à leurs relations mutuelles une activité qui s'accroît tous les jours. C'est elle encore dont les armées ont parcouru la vieille Egypte, et rallumé dans ce pays le flambeau de la civilisation, depuis plus de mille ans étouffé sous des ruines. Devant elle, les cimes du Simplon se sont abaissées, et elle a pu dire : *Il n'y a plus d'Alpes,* avec plus de raison que Louis XIV n'avait dit : Il n'y a plus de Pyrénées. En Italie, on passe l'Éridan sur les ponts bâtis par ses ingénieurs, et les chariots de la Ligurie circulent sur la crête des rochers qu'eux seuls ont su aplanir depuis Annibal (1).

J'entends dire que cette grande époque a été fatale au genre humain, et plusieurs écrivains très-honorables nous poursuivent sans cesse du récit de ses ravages. Ils seront à jamais déplorables, sans doute ; et qui de nous ne s'est surpris versant des larmes sur la mort de tant de nobles ou d'intéressantes victimes ! quel navire, pendant

---

(1) La route de la *Corniche,* de Nice à Gênes, le long de la mer.

cette horrible tourmente, n'a fait des pertes dans sa cargaison ou dans son équipage ! mais puisque dans sa marche rapide, malgré ses profondes blessures, le vaisseau de l'état est arrivé au port, et que les profits de ce mémorable voyage en ont compensé avec usure les dangers et les pertes ; puisque les résultats de la révolution, consacrés par plus d'une sanction royale, ont répandu l'aisance et la prospérité dans les deux mondes, pourquoi récriminer sans cesse, et rouvrir des plaies que l'industrie seule et le commerce pourront guérir ? Sur cette terre où tout n'est pas toujours bien, ne doit-on pas se regarder comme très-heureux de pouvoir offrir à l'humanité mille et mille compensations réelles, durables, immortelles peut-être, à des malheurs déjà bien loin de nous ?

16.

CHAPITRE XV.

Emancipation des colonies espagnoles et portu-
gaises de l'Amérique du Sud.

LE système d'administration qui avait
occasioné l'insurrection des États-Unis
de l'Amérique Septentrionale, devait produire tôt ou tard les mêmes résultats dans
l'Amérique du Sud. L'Espagne, qui des-
tinait cette belle partie du monde à une
éternelle enfance, l'avait attachée avec beaucoup de soin à sa décrépitude. Elle lui re-
fusait jusqu'à la connaissance innocente de
ses arts et de sa littérature; elle y entretenait l'ignorance avec autant de zèle, et de
sollicitude qu'on en met ailleurs à répandre les lumières : on eût dit que toute cette

population était née pour végéter dans les mines, et qu'après avoir fourni à la métropole du cacao, du jalap, de l'indigo et de la vanille, il ne lui restait plus rien à désirer. Nous avons exposé, dans le chapitre huitième, les dangers de ce système qui devait retomber un jour sur ses auteurs, et contribuer, autant que les progrès de la raison humaine, à ruiner la puissance des métropoles. Indépendamment du vice inhérent à son administration coloniale, l'Espagne était entraînée dans l'abîme par des causes que je pourrais nommer personnelles, par son impéritie, par la fatalité qui n'est que le châtiment des grandes fautes.

La guerre de la Succession, qui souleva la question délicate des légitimités, avait déjà porté un coup terrible à sa domination coloniale. Pourquoi n'aurait-on pas raisonné en Amérique sur la légitimité des métropoles, puisqu'on se faisait la guerre en Espagne pour la légitimité des rois? et si les armes décidaient un tel problème dans l'Ancien-Monde, pourquoi n'y aurait-on pas eu recours dans le nouveau? On

n'a pas assez médité sur la marche des événemens dans l'Amérique méridionale, puisqu'on a omis cette importante considération dans l'histoire de son indépendance.
Qui pourrait nier également la fâcheuse influence exercée sur le crédit espagnol par
l'expédition romanesque de l'amiral Anson?
Avec un seul vaisseau, cet illustre marin
avait humilié la fierté castillane, plus que
n'auraient pu faire des flottes formidables.
La paresse, l'anéantissement des manufactures, la mauvaise administration avaient
achevé son ouvrage ; et lorsque la grande
union américaine se leva à l'Occident pour
réclamer ses droits, l'Espagne n'avait plus
que le souffle : nous allons assister à ses
derniers soupirs. C'est ici qu'on pourrait
s'écrier avec le Psalmiste : *Et nunc, reges,
intelligite ; erudimini, qui judicatis terram.*

L'Europe entière a su par quel chemin
le prince de la Paix, d'abord simple garde-
du-corps du roi d'Espagne, était parvenu
au rang de premier ministre ; on connaît
ses intrigues avec la reine, sa vénalité, sa
perfidie, ses trahisons. Personne n'a ou-
blié, non plus, l'invasion de la Péninsule

par les armées françaises , et les terribles effets de leur présence sur ce sol dévorant. Napoléon avait arraché à Charles IV une renonciation au trône d'Espagne et des Indes en sa faveur : il ne s'agissait plus que d'en prendre possession. On sait comment l'Espagne accueillit le nouveau souverain : voyons comment son avénement fut célébré dans les Indes.

Lorsque les agens de Joseph se présentèrent à Caracas, en 1808, pour exiger le serment de fidélité, on répondit à leurs propositions par le cri de *vive Ferdinand VII !* Bientôt après, en 1810, ce mouvement d'opposition fut suivi d'un manifeste. On y reconnaissait encore l'autorité de Ferdinand : mais il était facile de s'apercevoir que déjà les Américains annonçaient une arrière pensée. Elle ne tarda point à se dévoiler en effet, et la province de Caracas déclara qu'elle ne reconnaîtrait plus de rois. L'incendie se répandit avec une extrême rapidité dans toute la Nouvelle-Grenade et Venezuela ; et lorsqu'en 1814 , les Espagnols reparurent au nom de Ferdinand , ils se trouvèrent en pays ennemi. Le général

Morillo, qui les commandait, crut qu'il
fallait frapper fort, et il traita les Américains comme Pizarre et Cortez avaient traité
les Indiens. Mais les tems étaient bien
changés ; plus Morillo faisait fusiller de
citoyens, plus il augmentait le nombre des
mécontens ; Bolivar se mit à leur tête,
il parla à ses compatriotes le langage de
l'enthousiasme, et il les conduisit à la
victoire : la république de Colombie exista.
Faisons connaître en peu de mots cette
fille aînée de l'indépendance américaine du
Sud.

Appuyée sur les trois mers, et maîtresse
de l'isthme, la république de Colombie
occupe le nord de la presqu'île. Elle est
abordable par chacune des trois mers ; au
nord, le Rio-Magdalena, et l'Orénoque
au levant, permettent aux navires de pé-
nétrer assez avant dans ses terres, et on
a expédié récemment de Liverpool un
vaisseau à vapeur destiné à remonter ce
dernier fleuve. Mais la limite de la navigation une fois atteinte, il est presque impossible de la franchir, sans s'exposer aux
plus grands dangers. Les voyageurs parlent

tous avec effroi de ces redoutables *Para-mos*, véritables déserts de glace, où l'impression du froid est si vive, que les corps sont pétrifiés instantanément. On passe souvent dans le même jour, du climat brûlant de l'Afrique aux froids mortels de la Laponie, selon qu'on fait route dans les vallées ou sur les montagnes ; et ces changemens n'étant pas gradués, la santé de l'homme se dérange et s'altère aisément. Le mauvais état des routes, d'autant plus impraticables qu'elles sont plus fréquentées, interdira long-tems au commerce une direction intérieure. Long-tems encore, les spéculations seront réduites à l'enceinte des ports, où le négociant peu familiarisé avec les usages du pays, et pressé de regagner l'Europe, ne pourra pas donner à ses opérations toute l'étendue dont elles seraient susceptibles.

La population de la Colombie est évaluée à 2,650,000 ames, dont les blancs ne constituent pas la sixième partie ; tout le reste se compose de noirs, de métis et d'Indiens. Mais il y a dans cette petite agglomération d'hommes, une vigueur et une activité

capables des plus grandes choses. Déjà
l'on parle de la section de l'isthme de Panama et de la communication des deux
mers ; les ports de Carthagène, de la
Guayra, de Chagrès, de Panama, sont fréquentés par les vaisseaux de toutes les nations. Le peuple colombien sentira bientôt la nécessité de suffire à ses consommations par des échanges, et il n'y parviendra
qu'à force de produits. C'est ce que n'a
point compris l'Espagne. Trop confiante
dans les mines du Mexique et du Pérou,
elle a cru pouvoir exister avec de l'or :
elle s'en croyait maîtresse exclusive au
moyen des lois ridicules qui en défendaient
l'exportation ; mais l'or lui est sorti par
tous les pores, l'équilibre du numéraire
s'est rétabli, et cette malheureuse nation,
ne pouvant pas mettre dans la balance les
produits de ses manufactures, a dû mourir
de faim, comme Midas, quoique ses inutiles moines aient prié Dieu pour elle.
Combien il est à regretter qu'elle ait épuisé
sur ses propres enfans, une énergie capable de vivifier tout un monde !

Lorsque la Colombie eut donné le si-

gnal, on fut surpris de la rapidité du
mouvement insurrectionnel de toute l'Amérique. Il nous est impossible d'en suivre
les progrès et les variations ; mais il suffit
de dire que le système d'oppression étant or-
ganisé à peu près de la même manière dans
toutes les colonies espagnoles, elles cherchèrent toutes à y échapper et à se reconsti-
tuer avec une égale ardeur, quoiqu'avec des
différences inséparables de leurs mœurs et
de leurs habitudes particulières. Pendant ce
tems, l'Espagne, livrée aux intrigues de la
Camarilla, voyait périr sur l'échafaud ou
dans les bagnes, les citoyens qui avaient
le plus contribué à secouer le joug de Napoléon ; elle assemblait sans talent et sans
activité la nouvelle armée qu'elle devait
envoyer périr sur un champ de bataille de
plusieurs milliers de lieues. Mais cette armée revint sur Madrid au lieu d'aller en
Amérique, et la révolution de 1820 fut
consommée. On sait comment elle a fini.

La restauration du pouvoir absolu dans
la Péninsule a porté le dernier coup à la
domination espagnole dans le Nouveau-
Monde, et l'indépendance des colonies

17

insurgées a été reconnue par l'Angleterre
avec un empressement qui prouve le triste
état où la métropole est réduite. Le Mexique
le Pérou, le Chili, Buénos-Ayrés envoient
déjà leurs corsaires sur ses côtes, et les
successeurs de Pizarre viennent lui demander compte, au nom de l'Amériqe
émancipée, des trésors de Montézume ét
de Guatimozin. Combien aujourd'hui elle
paraît petite devant ces colosses qu'elle
traînait jadis enchaînés à son char! elle ne
ne pèse plus dans la balance de l'Europe,
et déjà ils pèsent dans la balance du monde;
elle ne produit plus rien, et l'Amérique
est devenue le grand marché de l'univers.
Un coup-d'œil sur l'état actuel de ce vaste
hémisphère complètera l'exposé de sa ré-
génération.

Le Pérou, pauvre malgré son or, vient
d'être émancipé par Bolivar. Là, végétaient
dans la paresse et l'abrutissement, des maîtres dévoués au sommeil et des milliers d'esclaves occupés à leur chasser les mouches.
L'indolence y était en honneur plus qu'en
aucun lieu du monde; le travail, au contraire,
y déshonorait: c'était une peine réservée aux

coupables ou aux débiteurs insolvables. L'industrie et l'agriculture dépérissaient chaque jour sous le régime du monopole, et si quelque ardeur restait aux paysans, c'était pour exploiter ces mines fatales qui les ont détournés des routes véritables de la production. Tout est à refaire dans l'administration de ce beau pays. Emancipé le dernier, il se ressentira plus long-tems que les autres de la longue enfance dans laquelle il a vécu; car lorsque les peuples se réveillent, les années, pour eux, valent des siècles.

Buénos-Ayres en est une preuve frappante. Le nombre de ses habitans ne dépasse pas 1,800,000 mais elle a déjà acquis une importance considérable, et les provinces unies du Rio de la Plata, dont elle est la capitale, sont appelées à de hautes destinées. Le territoire de la république étant également propre à la culture des denrées du tropique et à celle des régions tempérées, il n'est pas douteux que le gouvernement ne favorise de toutes ses forces l'industrie agricole. On trouve à Buénos-Ayres le luxe et la richesse de nos grandes cités

d'Europe : les chevaux y sont si nombreux et à si bon marché, que les fermiers
en possèdent habituellement cinq ou six
cents, et les plus pauvres habitans, au
moins un. Les mendians mêmes, qui ne
vivent que d'aumône, la demandent presque toujours à cheval.

Dans leurs débats récents avec l'empire
du Brésil, au sujet de l'occupation de
Montevideo et de la bande orientale, les
provinces unies de la Plata ont déployé
une énergie qui annonce déjà une grande
puissance. Si ce vaste territoire leur est
restitué, si, comme tout l'annonce, leurs
discussions avec les Patagons au sujet des
limites, se terminent avec succès, Buénos-Ayres sera la capitale d'un des plus
magnifiques empires qui aient jamais existé.
Fasse le ciel que la France n'arrive pas la
dernière sur ses marchés, où les Anglais
ont chargé dans la seule année 1822, près de
neuf cent cinquante mille peaux de bœufs,
au prix modique d'*un dollar* la pièce !

Le Chili, dont l'avenir est intimement
lié à celui des provinces de la Plata, lutte
encore, dans ses îles, contre la domination

espagnole. Toutefois, cette république
naissante renferme en elle-même les élémens d'une grande prospérité. Quoique
les Espagnols y eussent proscrit avec soin
tout ce qui pouvait inspirer une idée
utile, les idées utiles n'y sont pas absolu-
ment inconnues. Malgré l'inégalité de son
sol, compris sur une longueur immense
entre les Cordillères et la mer, ses produits agricoles sont d'une qualité supérieure. Le froment, l'orge, le maïs, le
raisin, les figues, les fruits de toute espèce s'y récoltent en abondance. Les mines
d'or et d'argent y sont fort riches, et peut-
être trop nombreuses, puisqu'elles occupent les deux cinquièmes d'une population
de 800,000 ames. Plusieurs d'entr'elles
contiennent du sulfure d'argent qui fournit
80 pour cent de métal pur. On a découvert d'excellentes carrières de charbon de
terre, et tout fait espérer que les machines
à vapeur joueront dans ce pays, comme
dans tous les autres, un rôle avantageux
à la civilisation. Ce résultat est d'autant
plus probable, que le congrès ayant statué
que tous les enfans naîtraient libres, avant

peu de tems il n'y aura pas un seul esclave dans toute la république.

Le Mexique et Guatimala, qu'on est
généralement convenu de ranger dans
l'Amérique méridionale, quoiqu'ils soient
situés au nord de l'isthme, forment à eux
seuls un immense territoire, et ils mar-
cheront un jour sur la même ligne que les
États-Unis, s'ils en imitent la sagesse et
la persévérance. Long-tems ces riches provinces furent le paradis terrestre des bien-
heureux de la métropole : on faisait croire
à leurs stupides habitans que l'Espagne
était la maîtresse du monde, et ils se
trouvaient honorés d'appartenir à une monarchie dont la France, l'Angleterre, l'Allemagne et l'Italie leur étaient représentées
comme tributaires. C'est avec ce système
d'imposture qu'on a gouverné le Mexique
pendant trois siècles. Tous les arts y
étaient négligés, et lorsqu'au premier cri
d'indépendance, la république jeta les
yeux sur elle-même, elle dut être bien
surprise de n'apercevoir sur toute la surface de son sol, que des fabriques de poterie en terre cuite, dont les Espagnols

se servaient pour emporter ses produits au prix établi par eux-mêmes. Quelques centaines d'hommes achevèrent une révolution accomplie dans les cœurs, et les Espagnols, qui ne venaient au Mexique que pour faire la récolte, furent forcés d'aller semer chez eux.

Combien la fortune de cette jeune république a marché rapidement! la folle tentative de l'aventurier Iturbide lui a servi même à établir plus solidement son indépendance (1), et ses ports, jusque-là fréquentés par les élus du monopole, sont ouverts maintenant au commerce de toutes les nations. Une réunion d'hommes sages prépare en ce moment sa destinée future, et les plaies honteuses si long-tems entretenues par les Espagnols, commencent à se cicatriser. Le Mexique est un des marchés les plus brillans que le Nouveau-Monde ait ouverts à l'ancien. On ne peut lui comparer que le Brésil.

Le Brésil, naguère colonie du Portugal,

_____

(1) Discours de M. Canning au Parlement d'Angleterre, séance du 3 février 1825.

en est devenu en quelque sorte la métropole, par suite des événemens qui forcèrent
la dynastie portugaise de se réfugier en
Amérique, pendant les guerres de Napoléon. Dès-lors, cette intéressante contrée
passa du régime des prohibitions à celui
d'une grande indépendance commerciale.
Ses plaines spacieuses, ses vallées riantes,
ses mines presqu'abandonnées, étaient res-
tées comme stériles pendant plusieurs siècles : un simple changement de système,
occasionné par l'arrivée du roi, rendit
la vie à tout. L'activité la plus générale
succéda à l'indolence, et la population,
long-tems stationnaire, ne tarda point à
s'élever. Le revenu public s'accrut en pro-
portion du travail ; l'instruction se répandit, le commerce s'ouvrit des débouchés
nouveaux.

Telle était la situation du Brésil depuis
la présence du roi, lorsque la révolution
du Portugal détermina ce prince à regagner l'Europe. Son départ de Rio-Janeiro
devint le signal d'une véritable insurrection,
et la séparation des deux couronnes en fut
le résultat. Le fils aîné du souverain voya-

geur, l'infant don Pèdre, se fit proclamer empereur du Brésil, malgré son père, et sa déclaration d'indépendance vient d'être reconnue. Les conséquences de cet événement se font déjà sentir : le revenu public, qui ne dépassait pas trente-deux millions sous le roi Jean, est estimé à soixante-trois millions sous le règne de son fils. La population de la capitale s'élève à 140 mille habitans.

Quelques autres villes présentent aussi des agglomérations d'hommes favorables à la production : Fernambouc, Baïa, San-Luis de Maragnan. L'exploitation des mines y attire une foule de capitalistes et d'ingénieurs de l'Angleterre et de l'Allemagne, et avec d'autant plus d'espoir de succès qu'il ne s'agit pas seulement d'extraire de l'or, mais du mercure, du fer, du cuivre, de l'antimoine et du platine. Rio-Janeiro est destiné à devenir le premier entrepôt de l'Amérique méridionale. Sa situation est plus avantageuse que celle de Buénos-Ayres dont le port n'est pas accessible en tout tems, à cause de la navigation difficile de la Plata. On y rencontre des

vaisseaux de toutes les nations ; et lorsque
l'agriculture y sera mieux entendue, l'Europe entière y trouvera de quoi suffire aux
plus riches cargaisons. Le coton, l'indigo,
la cochenille, le sucre, les bois de teinture
et de construction, les métaux utiles y
abondent. Pour peu que le propriétaire
brésilien perfectionne ses facultés personnelles, et que le gouvernement cesse d'autoriser l'introduction des nègres, l'industrie fera des progrès très-rapides, et la
colonie portugaise méritera bientôt le nom
d'empire, qui semble trop pompeux pour
une population de quatre millions d'habitans.

Ainsi, dans moins de vingt ans, l'Espagne et le Portugal ont vu disparaître leur
pavillon de tout le Nouveau-Monde ; réduits à leurs premières limites, ces deux
royaumes expient aujourd'hui dans les
langueurs de l'indolence ou dans les con-
vulsions du fanatisme, les erreurs de trois
siècles, et le scandale de leur tyrannie in-
satiable. Les mains qui versaient l'or du
Pérou, demandent l'aumône, et les corsaires de la Colombie infestent les côtes

d'où partirent jadis Colomb et Fernand Cortez. Jamais un spectacle plus solennel n'a été donné au monde ; jamais les défenseurs des abus , les partisans des vieilles maximes n'ont reçu un démenti plus éclatant ; jamais enfin le commerce n'a vu s'ouvrir devant lui une route plus brillante. L'ère du travail a commencé : malheur aux peuples qui s'endorment ! Pour eux, le sommeil, c'est la mort. Malheur aussi aux métropoles qui espèrent vivre du travail de leurs colonies ; car bientôt on entendra dire en Europe : Il n'y a plus de colonies !

CHAPITRE XVI.

≻⦿≺

De l'état du commerce en Grèce, depuis la
conquête des Musulmans, et de l'influence
probable de la révolution actuelle.

La prise de Constantinople par Mahomet II, en 1453, un des plus mémo-
rables événemens de l'histoire moderne,
acheva la ruine de ce malheureux empire
grec, où l'on ne retrouvait plus rien de
l'antique énergie et de la philosophie spi-
rituelle du siècle de Périclès. Ébranlé jusque dans ses fondemens par le choc terrible des Latins, il avait dû céder aux croisés beaucoup d'îles grecques, l'Attique
et une partie de la Morée. L'Épire, l'A-
carnanie, la Thessalie, l'Étolie, la Ma-
cédoine, la Thrace, membres épars de ce

grand corps, ne s'étaient plus rassemblés depuis que son territoire avait été sillonné dans tous les sens par les émigrations des nations occidentales. Les Vénitiens et les Génois, fournisseurs de ces vastes expé-ditions, avaient obtenu, dans le partage des dépouilles, une récompense proportion-née à leurs services, et j'ai dit (1) com-ment le temple de Sainte-Sophie, à Cons-tantinople, avait été profané par des chré-tiens, avant d'être converti en mosquée par Mahomet II.

Depuis cette fameuse époque, il semble qu'un monde entier nous ait séparé de la Grèce. A peine est-il possible de retrou-ver quelques vestiges de l'histoire de tant de provinces, dont chaque ville avait jadis ses historiens, et l'on ne sait guère au-jourd'hui comment les matelots d'Ipsara et les guérillas du mont Taygète, ont remplacé les savans de Constantinople et les rhéteurs subtils du Bas-Empire. Dans le grand désordre qui suivit la conquête des Turcs, lorsque la race grecque fuyait

(1) Chapitre IV de cet ouvrage.

18

sans savoir où aller (1), les Vénitiens et
les Génois établis dans le Péloponèse et
dans les îles, prêtèrent à ce peuple exilé
leurs montagnes, leurs monastères, leurs
riantes vallées. Mahomet leur vendit, dans
sa nouvelle capitale, le droit de vivre, et le
quartier du Phanar. Il intronisa leur patriarche, et après avoir fait le siége d'A-
thènes, il bâtit une mosquée au Parthénon,
comme il en avait construit une au temple
de Sainte-Sophie : confondant ainsi dans
un mépris qui dure encore, les merveilles
de l'antiquité et la majesté du christianisme. Dans la haute Albanie, pleine des
souvenirs de l'ancienne Épire, Scander-
berg lutta long-tems contre les oppresseurs de son pays, et son dernier soupir,
comme celui de l'illustre Polonais Kos-
ciusko, fut le dernier soupir de sa patrie.
Frappée au cœur, la Grèce allait mourir:
les Vénitiens prolongèrent son agonie,
en essayant contre les Turcs cette résistance de cent ans, qui recommence, et

_____

(1) Chalcondyle, liv. 8.

que les Hellènes ont juré de prolonger,
puisqu'ils portent sur leurs étendards
l'image du phénix renaissant de ses cendres.

Misitra, Corinthe, Modon, Napoli de
Romanie, furent alors, ainsi qu'aujour-
d'hui, leurs champs de bataille ; et comme
si la civilisation, fille du tems et protec-
trice des peuples, n'avait point marché
depuis cette époque ; comme si nous étions
encore au règne lugubre de Louis XI,
contemporain de ces désastres, l'Europe
voit la hache des mêmes barbares renver-
ser les oliviers du Péloponèse, avec cette
différence qu'alors Venise n'était point
dans leur camp... Lorsqu'on songe qu'un
pacha partage les filles de Pylos et d'An-
druzzène aux janissaires chrétiens qui di-
rigent son armée, le cœur se serre, et
tous ceux qui ont une ame sentent leur
tête fléchir, affaissée sous le poids de tant
d'opprobre. Pour moi, je me surprends
souvent versant des larmes amères sur le
malheur de cette généreuse population,
comme sur une calamité de famille; et si
quelque désordre pénètre dans ma narra-

tion, je plaindrai le lecteur qui m'en ferait un reproche. A travers tant de sang et de deuil, peut-on suivre la trace du commerce ; et lorsqu'il s'agit pour un peuple tout entier, *d'être ou de n'être pas*, irai-je parler froidement de sa fortune ? Quand un vaisseau fait signe de détresse, est-ce de la cargaison ou de l'équipage que l'humanité veut qu'on s'occupe !

Venise, que le malheur des tems a réduite à convoyer les flottes musulmanes, faisait alors payer aux Grecs l'appui de sa colère. Elle pillait les côtes de l'Asie mineure, et ramenait d'Ephèse et de Smyrne des milliers de captifs et d'immense s dépouilles ; elle s'emparait de Chypre par la ruse ; elle faisait sentir à cette race infortunée combien de douleurs et de hontes sont attachées à la protection de l'étranger. Les Maniotes seuls, dans la Morée, abhorraient également le joug des Vénitiens et celui des Turcs, et ne cédèrent à aucun d'eux la possession de leurs montagnes et l'honneur de leur indépendance. Ils étaient encore libres, que Venise régnait à Napoli de Romanie, à Patras, à

Malvoisie, à Corfou, à Céphalonie, à Chypre et dans Candie. Soliman, dont la puissance avait triomphé des chevaliers de Rhodes, les oublia, ou ne voulut point essayer de leur bravoure.

Cependant il n'y avait plus d'Hellènes, et ce peuple s'éteignait dans la grande monarchie du sultan de Constantinople, lorsque vers la fin du seizième siècle, au moment de la renaissance des lettres, quelques savans italiens demandèrent des nouvelles d'Athènes. Elle existait encore, triste et flétrie, tandis que ses enfans errans dans l'Italie, cherchaient à rallumer le flambeau des arts dont elle avait été si long-tems la maîtresse. Plusieurs d'entre eux étaient devenus fort habiles dans la médecine, science aussi chère à l'humanité qu'à ses oppresseurs, et ils obtenaient la faveur des grands de la Porte. Ce fut l'origine de ces fortunes du Phanar dont on ne sait comment définir l'influence tour à tour si fatale et si utile à la Grèce. Le patriarche de Constantinople en retirait une considération qui pouvait devenir avantageuse à la condition des Hellènes;

18.

mais, trop voisine des foudres du divan,
son autorité pâlit toujours devant leurs
formidables éclairs, et de nos jours, le
dernier de ces pontifes n'a été utile à ses
concitoyens que par l'horreur qu'a inspi-
rée le supplice d'un vieillard.

Toutefois, si le patriarchat de Constantinople n'a jamais sensiblement contribué
à améliorer le sort des Hellènes, on ne
saurait nier qu'il ait maintenu parmi eux
une espèce d'unité religieuse, une véritable séparation de la nation musulmane;
et qu'à la faveur de cette influence invi-
sible, mais réelle, les Grecs se soient re-
trouvés tout-à-coup, au jour marqué pour
l'indépendance, un peuple en état de se la
procurer. Cette circonstance permet de je-
ter un voile sur les faiblesses ou la servile
infamie de plusieurs patriarches qui ont
déshonoré le trône pontifical de la religion
grecque. Leur pouvoir ne s'étendait pas
seulement sur les Hellènes, mais aussi sur
leurs co-religionnaires moscovites : de là,
cette tradition ancienne et obstinée qui
faisait espérer aux Grecs les secours de la
Russie, et qui leur a été si funeste à la

fin du dernier siècle et au commencement
du siècle présent (1). Malheureusement,
les archevêques, les évêques, les archi-
mandrites, les papas, les caloyers, pullu-
laient sur la terre de Démosthène, et l'oi-
siveté la plus stupide avait succédé à cette
agitation naturelle aux nations méridio-
nales : toute la Grèce était couverte de
monastères. Dans les îles, à Athènes, en
Béotie, dans l'Arcadie, sur la chaîne du
Pinde et des monts Agrapha, le voyageur
étonné rencontrait partout des habitations
de solitaires, fortifiées de hautes murailles
derrière lesquelles vivaient, retranchés
contre le monde et les pirates de l'Archipel, une foule de pieux contemplateurs.

Le siége de Candie, devenu le rendez-
vous de tous les braves et de tous les aventuriers de l'Europe chrétienne, ranima
l'énergie des Grecs et fit parler d'eux,
comme jadis on avait parlé des Troyens.
Mais ni le génie de Morosini, ni le secours
envoyé par Louis XIV, ne sauvèrent cette

_____

(1) M. Villemain, *Essai historique sur l'é-
tat des Grecs*, page 200.

île célèbre de la terrible et puissante opi-
niâtreté du visir Kuprogli. La liberté ne
devait donner signe de vie que plus d'un
siècle après cette mémorable résistance.
M. Villemain l'a très-bien dit : « Rien
n'est immobile comme la servitude : les
années, les siècles même s'écoulent avec
une lente uniformité ; des générations
naissent et meurent sans laisser de trace.
Il n'y a pas d'événemens pour elles. Il
n'y a rien de nouveau, même dans leurs
souffrances ; et leur malheur est mono-
tone comme la pitié qu'il inspire. »

Cependant, les familles établies au Phanar, espèce d'aristocratie marchande,
éclairée et servile, s'enrichissaient par le
commerce des perles, des soieries et des
parfums. Mêlées du sang italien et de la
légèreté grecque, elles obtenaient, par
les charges de drogman, qui leur donnaient
part aux secrets de la Porte, une considération chèrement achetée, mais véritablement utile. Elles établissaient des écoles
où venait s'instruire l'élite de la jeunesse
grecque, et elles préparaient de loin le
triomphe de la liberté, sans y songer.

Dans le Péloponèse, Napoli de Romanie, dont l'heureuse situation ne manque pas de ressemblance avec celle de Cadix, était devenu l'entrepôt des productions de la Grèce; il s'y faisait un grand trafic de blé, de vin, d'huile, de soie, de coton et de tabac; on voyait aborder dans son port des vaisseaux de Constantinople, de Venise, de Livourne et du Caire. Les Turcs y devenaient plus humains, et déjà le commerce faisait sentir ses heureux effets sur l'agriculture, car les villages et les campagnes de la Morée présentaient un aspect enchanteur. L'olivier, le mûrier, le majestueux cyprès, les chênes-verts, les lauriers-roses, bordaient les rives de ces torrens, jadis célèbres, qui descendaient du plateau de l'Arcadie, sous les noms poétiques d'Alphée, de Pénée, d'Iris et d'Eurotas.

Déjà s'effaçaient, dans la Grèce moderne, les souvenirs de ces longues douleurs nationales qui laissent des traces si profondes, lorsque les Vénitiens reparurent sur la mer d'Ionie, plus irrités que

jamais de leurs vieilles défaites, et pleins
d'une haine long-tems concentrée contre
les Musulmans. En peu d'années, ils recon-
quirent leurs conquêtes, et la Morée leur
resta par le traité de Carlowitz. Mais les
Grecs ne firent que changer de joug, et
l'aversion qu'ils avaient pour l'église romaine ne permit pas d'espérer cette fusion
d'intérêts qui, seule, assure la prospérité
des peuples d'origine diverse, réunis par
la politique. Les Turcs reprirent le Péloponèse après quinze ans. Alors s'établirent
en permanence ces bandes héroïques de
Maniotes et de Klephtes belliqueux, célé-
brés dans les chants populaires dont
M. Fauriel a découvert récemment la précieuse existence. Ces derniers faisaient aux
Turcs une guerre acharnée; et ils chan-
taient, comme un hymne de victoire, « la
» prise de quelques agneaux, de quelques
» moutons qu'ils faisaient rôtir, et de cinq
» beys pour tourner la broche. » Ne sont-
ce pas les mêmes hommes qui envoyaient
trois bouteilles de rhum au séraskier
commandant le siège de Missolonghi, pour

l'engager à *régaler* ses porte drapeaux, et à leur donner du cœur, la veille d'un assaut?

Vers le milieu du dix-huitième siècle, la fondation de Cydonie(1), ouverte à tous les chrétiens, et protégée contre les Turcs par les Turcs eux-mêmes, révéla l'intégrité de la race grecque, que l'on supposait ensevelie dans l'éternel sommeil de la servitude, ou dispersée comme la poussière de ses monumens. Les Russes agirent sur elle par les hospodars de la Moldavie et de la Valachie, et l'impératrice Catherine, qui rêvait l'empire du Bosphore, aux sons flatteurs de la muse de Voltaire, envoya un de ses amans, le comte Orloff, tenter la fortune sur les rivages du Péloponèse. Tout ce que l'Europe avait alors d'esprits éclairés suivaient, avec une poétique impatience, la marche de ses flottes et de ses armées. Les Monténégrins frémissaient au sommet de leurs montagnes, pressés de se débarrasser du voisinage dangereux des Musulmans; et partout, saisis d'une illu-

_____

(1) Dans l'Asie mineure.

sion généreuse, les amis des lumières, de
la gloire et de l'humanité, attendaient la
dernière heure des osmanlis. Coron, Misitra, Patras, Navarino, tombent au pouvoir des Russes. La flotte turque, cernée
dans la rade de Tchesmé, périt dévorée
par ces brûlots qui devaient, après un
demi-siècle, incendier de nouveaux oppresseurs, et signaler de nouveaux Thé-
mistocles.

Mais cette effroyable explosion, qui fit
trembler les côtes de l'Asie et celles de
l'Europe, s'évanouit comme un vain bruit,
par l'ineptie et l'indolence des vainqueurs.
Ils quittèrent bientôt les parages de l'Archipel, laissant exposées à la férocité des
Musulmans toutes les faibles populations
des îles qu'ils étaient venus faire insurger.
La domination turque, vivement ébranlée,
se raffermit par le carnage et la destruction.
Tous les cantons qui avaient accueilli les
Russes, furent impitoyablement dévastés,
les Grecs pris les armes à la main suc-
combèrent égorgés, et leurs familles furent menées en esclavage.

Tel fut le résultat de cette expédition

brillante qui semblait l'aurore de la régé-
nération grecque, et qui finit par d'é-
pouvantables massacres. La plupart des
habitans de la Morée se retirèrent dans les
montagnes de la Romélie, ou furent transportés dans les îles par la marine des Hydriotes. La Russie conquit la Crimée, et
le fameux traité de Kainardgi parut une
stipulation pour des cadavres. L'Europe
chrétienne, j'entends ceux qui la repré-
sentaient alors, virent toutes ces horreurs
d'un œil sec; mais du moins ils s'étaient
abstenus de prendre part à la lutte, et
l'histoire n'a pas dit qu'il y ait eu des
vaisseaux de l'empereur d'Autriche dans
la flotte musulmane.

Le silence de la mort régnait depuis
quarante ans sur ces lieux jadis si fertiles,
lorsqu'un homme, ou plutôt un tigre
d'une férocité jusqu'alors inconnue, re-
commença le cours des exterminations dans
toute la portion du continent grec soumise à sa puisssance. Cet homme de terrible et sanglante mémoire, se nommait
Ali-Tebelen. Le bruit de ses exploits ou

de ses barbaries a retenti trop long-tems parmi nous, pour qu'il soit nécessaire d'en retracer ici le lugubre tableau. On sait comment du milieu de sa forteresse de Janina, il s'étendit jusqu'au cœur de la Grèce, et par quelle suite de ruses, de concussions, de pillages et d'assassinats, il devint le maître absolu d'une population de deux millions d'hommes. Les Albanais, milice féroce et redoutable, formaient le principal noyau de son armée; c'était par eux qu'il semait la terreur dans tous les villages, et qu'il poursuivait, sans pitié comme sans remords, le cours de ses exécutions. Une seule tribu de montagnards, celle des intrépides Souliotes, put résister à ses armes et apprit à la Grèce le secret de l'indépendance.

D'un autre côté, les marins d'Hydra, de Spezzia et d'Ipsara formés à la navigation par le commerce, s'enrichissaient tous les jours, et par leurs nombreux rapports avec les étrangers, ils commençaient à sentir le prix de la liberté, de l'existence civile. Ils habitaient des rochers stériles;

mais ces rochers se couvraient tous les
jours d'une population industrieuse, et
les enfans que leurs pères exerçaient au
noble et pénible métier de marins préparaient la vengeance dùe au sang de tant
de martyrs. L'instruction, plus répandue,
venait encore au secours du courage. Le
voisinage des Français, maîtres des îles de
Zante, de Corfou et de Céphalonie exalta
ces imaginations déjà très-ardentes, et le
commerce parut leur offrir la chance d'un
nouvel avenir. Pendant les longues disettes
qui assiégèrent la France avec bien d'autres maux, sous le régime de la terreur,
les Hydriotes avaient plus d'une fois ap-
provisionné de blé l'entrepôt de Marseille;
plus tard, ils s'étaient établis à Londres,
à Malte, à New-York; ils étaient devenùs
les facteurs de la Méditerranée. Leur marine marchande, composée de petits bâtimens légers et rapides, fut en peu de
tems une pépinière d'excellens matelots,
et leur île d'Hydra, le centre d'un commerce fort étendu.

La grande révolution de 1814 trouva
les Grecs dans cette position. Pour une

alliance *qui se disait sainte* (1), et qui venait d'émanciper l'Europe, c'était le cas de songer à la religion et à l'indépendance des Hellènes : les Anglais y songèrent, en effet, et ils vendirent Parga au Pacha de de Janina, moyennant cinq cent mille livres sterling. Ce fut le premier acte d'influence de la politique chrétienne sur les affaires de la Grèce. Par pudeur, je tairai les autres. Il est de ces plaies hideuses qui n'ont de nom dans aucune langue, et que l'esprit se refuse à dépeindre, de peur d'inspirer trop de dégoût pour ceux qu'elles dévorent.

Parga vendue et payée, ses malheureux habitans exhumèrent les ossemens de leurs pères, et se refugièrent à Corfou. Cette lugubre et solennelle émigration excita dans toute l'Europe un mouvement d'horreur universel. Dans plus d'un pays, on refusa d'y croire : mais c'en était fait; l'opprobre était inscrit en lettres immor—

---

(1) Expression de M. Royer-Collard, dans un de ses discours à la chambre des députés.

telles dans les annales de la Grande-Bretagne. La Grèce entendit cet arrêt prophétique, et son cri de *vaincre ou mourir* succéda bientôt aux derniers cris des Parganiotes. Les échos de la Morée, de l'Epire, de la Valachie, de la Moldavie, d'Hydra, d'Ipsara, de Scio y répondirent, et l'embrasement devint général. Aussitôt l'on voit surgir de toutes parts des légions de héros ; hommes, femmes, enfans, vieillards, prêtres, négocians, pâtres et laboureurs, tous courent aux armes, cherchent l'ennemi, le rencontrent, le pressent, le renversent, le foulent aux pieds ; les grandes ombres de Marathon, des Thermopyles, de Salamine, sortent de leurs tombeaux, fières et menaçantes, et si elles ne retrouvent plus la civilisation de Périclès, de Démosthène et d'Aristide, elles se reconnaissent, du moins, dans les défenseurs d'Ipsara et de Missolonghi.

Mais à quoi sert de rappeler ces brillans souvenirs ! Au moment où je parle, un voile sanglant ne dérobe-t-il point à nos yeux la terre des arts et de l'éloquence ! Les cotons de Salonique, les belles laines

19.

d'Ambelakia, les soies et les peaux de la
Thessalie, le miel du mont Hymète, les
huiles d'Athènes, la garance de la Béotie
et les teintures écarlates de la Phocide,
pourraient-elles rendre encore un peu de
vie à ces contrées jadis si riantes! L'é-
goïsme des Francs de Smyrne comprendra-
t-il enfin tout ce que le commerce aurait
trouvé de ressources dans l'indépendance
de la Grèce qu'ils ont si cruellement pa-
ralysée? Et ces entrailles diplomatiques,
insensibles comme le marbre des palais,
les verrons-nous s'émouvoir, quelque
jour! Quand nos enfans demanderont ce
que nous avons fait pour l'humanité, nous
qui passons pour être humains, leur di-
rons-nous que nous avons assisté pendant cinq ans, l'arme au bras, à cette
grande boucherie de quatre millions d'hommes qui nous apportaient du blé, quand
nous mourions de faim!

CHAPITRE XVII.

De l'état actuel du commerce en Égypte.

J'AI honte de citer dans cet essai, destiné à signaler la marche du Commerce et de l'Industrie, l'histoire récente d'un peuple qui s'en sert pour la destruction de celui dont je viens de retracer la sublime agonie. Mais sans doute, un pareil état de choses ne peut être que transitoire ; et du sein des calamités que l'Égypte verse sur la Grèce, il sortira, je l'espère, quelque grand événement qui rendra l'une et l'autre contrée à leur destination naturelle, celle de produire et d'échanger leurs produits.

On ne saurait nier que depuis l'expédition des Français en Egypte, cette province fertile n'ait subi une véritable révolution. L'industrie, les sciences et les arts y ont laissé des traces vivantes de leur passage. Nous avions semé pour la civilisation : mais la barbarie a fait la récolte. Un nouvel empire a succédé à notre domination éphémère, et les arts bienfaisans qui devaient régénérer la terre de Sésostris sont devenus la fortune d'un Pacha. Riche des biens de ses sujets, dont il s'est violemment adjugé le monopole, c'est lui qui vend maintenant à l'Europe toutes les productions de l'Egypte; son avarice et son égoïsme travaillent presqu'autant qu'un peuple libre, et c'est ce phénomène que je me propose d'examiner dans l'exposé qui va suivre.

Tout le monde connait la situation, l'histoire et l'importance de l'Egypte. On sait que cette province peut être considérée comme une vallée de deux cents lieues de longueur sur cinq lieues de large, et qu'elle doit sa fertilité au phénomène annuel du débordement du Nil, qui coule du Sud au Nord, à peu près parallèle à la

mer Rouge, jusqu'au Caire, où il se partage en deux branches. Ces deux branches
forment avec la Méditerranée un triangle
de soixante lieues de base et de cinquante
de hauteur, composé des terres d'alluvion
apportées par le fleuve, et par conséquent
très-fertiles. Les trois angles du Delta sont
protégés par trois villes, le Caire, Rosette et Damiette. Le port d'Alexandrie lui
sert ainsi qu'à toute l'Egypte, d'entrepôt
d'entrée et de sortie pour l'Europe. La
surface de la vallée du Nil équivaut à un
sixième de la France, et ne contient aujourd'hui que 2,500,000 habitans, quoiqu'elle en ait nourri jadis plus de quinze
millions.

L'Egypte est divisée en haute, basse
et moyenne région. On y ajoute les oasis
qui sont des parties du désert où l'on
trouve un peu de végétation. L'Egypte
n'a ni bois, ni charbon, ni combustibles
d'aucune espèce. Toute sa richesse est
dans son sol; mais ce sol exige peu d'efforts pour donner les plus brillans produits, et c'est pour cela, peut-être, que
les procédés de l'agriculture y sont de-

meurés stationnaires. Les cultivateurs n'ont
d'autres fatigues à essuyer que celles de
l'arrosement des terres, quand elles n'ont
pas été inondées naturellement, ou quand
ils entreprennent de leur faire produire
plusieurs moissons dans le cours d'une
année. Mais la facilité d'arroser ne leur est
pas toujours accordée, et les eaux du Nil
peuvent être organisées en monopole,
comme tout le reste, selon les caprices
de l'administration. Aussi arrive-t-il que,
suivant qu'elle est bonne ou mauvaise, le
Nil gagne sur le désert, ou le désert gagne
sur le Nil.

Deux villes importantes, Alexandrie et
le Caire, méritent toute l'attention des négocians, non pas qu'elles offrent quelque
chose de plus intéressant que les autres
grandes cités de l'Orient, mais parce
qu'elles sont devenues l'entrepôt des richesses du pays, dont le vice-roi actuel
s'est réservé le monopole. Le port d'A-
lexandrie, jadis si célèbre, est le seul
mouillage des cinq cents lieues de côtes
qui s'étendent depuis Tunis jusqu'à Alexan-
drette en Syrie : il est situé à l'une des

anciennes embouchures du Nil. D'immenses escadres peuvent y mouiller, et dans
le vieux port, elles sont à l'abri des vents
et de toute attaque. Des vaisseaux tirant
vingt-un pieds d'eau y sont entrés sans
difficulté. C'est un avantage d'autant plus
remarquable, que les ports de Rosette et
de Damiette ne peuvent recevoir que de
petits bâtimens, parce que les barres sont
souvent encombrées de bancs de sable mou-
vans, que le vent du Nord chasse devant
lui. Mohammed-Ali, en joignant au Nil
le port d'Alexandrie par un canal navigable, a rendu un service immense au
commerce. On doit faire observer que ce
canal, qui parcourt une étendue de près
de seize lieues, commencé en 1818, a été
achevé en 1819, quoique sa largeur soit
de quatre-vingts pieds et sa profondeur,
de douze à quinze.

La ville du Caire est aussi connue que
Paris, et il suffit de quelques indications
sommaires pour donner une idée de son
importance. Elle renferme une population
de deux cent soixante-trois mille sept-
cents habitans répandus dans vingt-cinq

mille maisons qui forment deux cent quarante rues , quarante-six carrefours et
trente-huit impasses. On y compte onze
cents cafés, trois cents citernes publiques,
quatre cents mosquées , cent quarante
écoles élémentaires et soixante-trois bains
publics , successivement fréquentés par
les hommes et par les femmes. Les établissemens consacrés au commerce se nom-
ment Bazars : ils sont généralement cou-
verts de toiles ou de paillassons. Chaque
corporation a son bazar particulier : les
marchands de papier , les orfèvres , les
droguistes , les armuriers ont chacun le
leur. Les okels, ou magasins, sont de grands
bâtimens carrés où l'on vend du riz, des
toiles, des draps , des cachemires ; ils ne
sont pas ouverts au public , mais ils ont
tous à l'extérieur, et donnant sur les rues,
de petites boutiques de douze à quinze
pieds carrés , où se tient le marchand avec
les échantillons de ses marchandises. Il y
a dans un quartier du Caire quelques familles européennes ; c'est le quartier des
Francs : on y rencontre un certain nombre
de maisons ,comme celles que peut avoir

en Europe un négociant qui possède trente
ou quarante mille livres de rente.

Le Pacha actuel vient de fonder un
collége à Bourlac, dans le palais qu'ha-
bitait autrefois son fils Ismaïl. Cent élèves,
depuis l'âge de neuf ans jusqu'à celui de
trente-cinq, y sont entretenus à ses frais,
et apprennent, sous des maîtres habiles,
la chimie, les mathématiques, le dessin,
le grec, le latin, l'arabe, le turc, le per-
san et la plupart des langues modernes
de l'Europe. Il paraît même que les hauts
emplois de l'administration seront exclu-
sivement réservés aux élèves qui sortent
de ce collége. Le Pacha a également créé
une école militaire organisée sur le modèle de celle de Metz, où des officiers
français et italiens enseignent l'application
tion des sciences physiques et mathématiques à l'artillerie et au génie. Une imprimerie est établie au Caire. Une gazette offi-
cielle, la première qui doive paraître sous les
auspices d'un prince musulman, sera très-
incessamment publiée dans la même ville :
elle aura un texte arabe et un texte italien.

Mohammed-Ali a également ordonné

20

l'établissement d'une ligne télégraphique
entre Alexandrie et le Caire, d'après le système de Chappe; et il a le projet de la faire
communiquer avec la Haute-Égypte. En
même tems des relais de poste, organisés
pour le service des dépêches, porteront dans
toute l'étendue de l'Empire les nouvelles
intéressantes pour le commerce, la politique et l'administration. Ces relais sont
établis dans l'intérieur des constructions
dont le sommet est destiné aux télé-
graphes.

Le vice-roi est préocupé, assure-t-on,
en ce moment, d'un projet dont l'exécution serait un événement immense dans le
monde commercial, je veux dire la réunion de la mer Rouge à la Méditerranée,
par la section de l'Isthme de Suez. On
avait d'abord proposé d'opérer cette réunion au moyen d'un canal qui aurait abouti
d'un côté au port de Suez et de l'autre au
Nil, un peu au-dessous du Caire. Mais ce
plan présentait des désavantages très-sen-
sibles. S'il était exécuté, il faudrait dé-
charger les marchandises qu'on apporterait
de l'Inde pour les recharger ensuite sur

les bateaux du pays ; car il paraît que le
Nil serait d'autant moins praticable pour
les bâtimens expédiés des ports de l'Indostan ou de la mer Rouge, que l'époque
favorable à la navigation de cette mer ne
coïncide pas avec celle de l'exhaussement
des eaux du fleuve. Le projet qu'on propose aujourd'hui, serait tout-à-fait indé-
pendant de la navigation du Nil. Dans ce
nouveau plan, le canal qui partirait également de Suez, rencontrerait dans son cours
les lacs amers et le lac Mensaleh, et il
irait s'ouvrir à Tineh, sur les côtes de la
Méditerranée. Si jamais on l'entreprend
assez sérieusement pour le terminer, le
commerce de la haute Asie aura changé
encore une fois de route.

On ne saurait nier que le grand mouvement opéré en Égypte par l'expédition
française, n'ait contribué à faire naître
dans l'esprit des habitans l'espoir d'un
meilleur avenir. Les mœurs simples de nos
savans, leurs constantes occupations, leur
utilité pour la fabrication des objets d'art
et de manufacture, pour lesquels ils se
sont trouvés en relation avec les artisans

du pays, ont laissé des souvenirs ineffaçables, et déjà de toutes parts on observe au Caire une heureuse tendance aux améliorations matérielles qui ne tarderont pas à conduire aux améliorations morales.

C'est dans cette grande ville que réside aujourd'hui l'étrange personnage chargé du gouvernement de l'Egypte. Son esprit vif et adroit a deviné sur-le-champ tout le parti que pourrait retirer le despotisme d'un commencement de civilisation, et il encourage de tout son pouvoir un système de production conçu dans son seul intérêt. C'est lui qui achète et vend le coton, l'indigo, le sucre, le carthame et le sel ammoniac; il a établi plusieurs filatures de coton très-bien organisées, dont une seule occupe jusqu'à huit cents ouvriers. Du reste, les pierres, la chaux, le plâtre, la poudre à canon, les toiles, les teintures, les denrées de toute espèce, ce qui sert à bâtir ou à détruire, à nourrir ou à vêtir les hommes, tout est entre ses mains : il n'est pas jusqu'aux fours à poulets dont il ne se soit fait le fermier-général. Il a réduit les provinces de l'Égypte en colonies, et en les exploitant à la manière du système ci-devant Espagnol au Nouveau-Monde, il prépare, sans y songer, leur émancipation.

Ce n'est guères que depuis peu d'années que l'industrie Egyptienne s'est développée avec cette rapidité qui a excité notre attention. Les réactions exercées en France, en Piémont, dans le royaume de Naples, à l'occasion des derniers événemens politiques, ayant forcé plusieurs hommes distingués à s'expatrier, le Pacha s'est trouvé tout à coup entouré d'une foule de concurrens disposés à le servir, et il en a retiré, avec beaucoup d'adresse, toutes sortes d'avantages. Il choisit habilement ce qu'ont de plus intéressant les découvertes récentes de l'industrie française et de la mécanique anglaise. Il connait la politique Européenne comme le plus fin diplomate, et on l'entend plaisanter souvent sur les considérations qui mettent les souverains en état d'observation perpétuelle les uns vis-à vis des autres. Un Français nommé *Jumel*, a naturalisé en Egypte le coton du Brésil, qui

20.

s'y multiplie tous les jours d'une manière
vraiment extraordinaire. La première récolte en a produit vingt-cinq mille balles.
La seconde fut si abondante, qu'après
avoir satisfait aux demandes des différentes
nations du littoral de la Méditerranée, on
en exporta cinquante mille balles pour
l'Angleterre. Le produit de cette récolte
a été doublé en 1824, et celle de 1825 a
dû être plus considérable encore; car le
Pacha, enivré d'un succès si prodigieux,
fait rétablir tous les canaux d'irrigation
qui avaient été engorgés, afin de rendre
à la culture des terrains long-tems stériles.
On est fondé à supposer que l'Egypte et
ses dépendances ne tarderont pas à produire du coton en aussi grande quantité
que l'Amérique tout entière. Quelle source
de richesses, dans un tems où les tissus
de coton jouissent d'une telle faveur, que
la Grande-Bretagne, indépendamment de
sa consommation, en a exporté, en 1824,
pour une valeur de plus de sept cent cinquante millions de France!

Si l'on considère, en outre, que les
vaisseaux expédiés de l'Amérique ont

une route plus longue à parcourir que
ceux qui viennent des ports d'Egypte ;
que les récoltes de cette dernière contrée
sont plus certaines, à cause de la pureté
du ciel égyptien et de l'absence des oura-
gans qui désolent l'espace compris entre
les deux tropiques ; si l'on rapproche le
perfectionnement des machines et la rapidité de la navigation par les bateaux à
vapeur, on sera porté à conclure que
le prix des étoffes de coton ne doit pas
tarder à baisser dans toute l'Europe, et
qu'il en résultera une grande augmenta-
tion d'aisance pour les classes inférieures
de la société. Déjà la ville de Liverpool
fait construire un Lazaret spécialement
destiné à recevoir en quarantaine les produits égyptiens ; et les innovations industrielles d'un Pacha se font sentir avec
avantage dans le pays le plus civilisé de
l'ancien continent.

Les huiles, les soieries, les teintures,
le sucre participeront également avant peu
à la baisse des cotons. Mohammed-Ali
cherche dans ce moment à étendre la
culture de l'indigo. Il a fait venir une

colonie de paysans de la Syrie pour planter
des mûriers et élever des vers à soie dans
une province de son Empire. La belle
contrée du Fayoum, sans renoncer à ses
moissons de roses, dont on tire une es-
sence si recherchée en Asie, se couvre de
plus en plus d'olives, et la vigne commence à y donner des récoltes abondantes.
Depuis long-tems l'Égypte produit la
canne à sucre, le lin, la plupart de nos
fruits, de nos légumes et de nos céréales:
bientôt cette terre privilégiée, secondée
par les travaux de l'industrie, réunira,
sans exception, dans une étroite vallée de
deux cents lieues de longueur, toutes les
cultures des Deux-Mondes.

Le cœur se serre quand on pense que
ces grandes ressources, capables de vivifier une des plus belles régions du globe,
sont concentrées dans les mains d'un
homme qui les emploie à soudoyer une
armée de Vandales, assis, au moment où
j'écris, sur les ruines fumantes du Péloponèse. Cette prospérité sacrilége, acquise
aux dépens de tout un peuple pour la
destruction d'un autre peuple, étonne et

déconcerte. On ose à peine signaler à l'Europe un marché où l'on trafique du sang humain bien plus que de la nourriture des hommes. Mais j'espère que le remède à ces maux se retrouvera dans leur excès même ; le monopole est un abus qui finit par se détruire, quelques efforts qu'on fasse pour le soutenir ; et le tems n'est pas loin, sans doute, où l'Egypte, affranchie du joug fiscal qui la tient enchaînée, cessera de verser son sang et ses trésors pour exterminer ces mêmes Grecs, dont les ports sont ses débouchés naturels.

Alors, qui sait, si, entre les mains d'un barbare, cette vieille Egypte ne reprendra pas son antique splendeur ! qui sait même si j'ai le droit d'appeler barbare, un homme qui improvise tout à coup au milieu des ruines, les merveilles de la civilisation moderne ! Quelque soit le dégoût qu'inspire un système de monopole aussi effronté que le sien, on ne saurait disconvenir que le pays n'en doive recueillir, tôt ou tard, d'immenses bénéfices, et que ce

Pacha n'ait fait faire, comme Pierre-le-
Grand, un très-grand pas à sa nation (1).
Les améliorations conçues dans son intérêt privé, lui survivront ; et si, comme on
l'assure, son fils est doué d'une intelli-
gence élevée, on ne doit pas douter qu'il
ne fasse partager aux Arabes une portion de cette prospérité qui leur aura coûté
si cher. Les amis de l'humanité voient
avec plaisir le flambeau de la civilisation
se rallumer dans un pays qui en fut le
berceau ; et s'il leur est pénible d'apprendre
que les premiers rayons de ce feu sacré
sont employés à répandre l'incendie sur
la terre de Périclès, un sentiment de con-
fusion se mêle à leur douleur lorsqu'ils

---

(1) On calcule que l'Egypte pourrait nourrir
cinq cent mille chameaux et dromadaires, deux
cent mille chevaux, quatre cent mille ânes, quatre
millions de bœufs ou de buffles, dix millions
de moutons et de chèvres. Huit cents fours pour
l'incubation donneraient vingt-cinq millions de
poulets qu'on nourrirait aisément avec les grains
du pays.

songent que des vaisseaux chrétiens ont convoyé les flottes turque. Mais la civilisation a ses transfuges comme la barbarie : la postérité fera la part des uns et des autres.

CHAPITRE XVIII, ET DERNIER.

CONCLUSION.

NOUS venons de voir passer rapidement sous nos yeux les principaux événemens qui ont hâté ou ralenti la marche du commerce et de l'industrie pendant les siècles qui nous ont précédés : de grandes leçons ressortent naturellement d'une pareille suite de faits et d'expériences. Le travail est reconnu désormais la véritable source des richesses; et les hommes viennent de s'apercevoir enfin que tous leurs efforts doivent avoir pour but l'amélioration de leur existence, l'accroissement de leurs lumières et de leur dignité. Le mouvement trop long-tems imprimé à l'espèce humaine pour détruire, a fait place au zèle d'une industrie vivifiante, et déjà les haines des nations ont disparu dans un sentiment de bienveillance universelle. De toutes parts le génie des sciences agrandit le domaine du commerce, lui ouvre des routes inconnues, ou découvre pour lui des procédés nouveaux; le gaz éclaire nos cités, les bateaux à vapeur rapprochent les distances, les canaux fertilisent les provinces. L'Angleterre et les Etats-Unis, placés à la tête de ce grand système de perfectionnement, ont donné aux arts utiles une impulsion vraiment étonnante; les routes en fer ouvriront bientôt des débouchés à leurs moindres villages; et, dans la seule Angleterre, vingt-cinq mille vaisseaux, montés par plus de cent-soixante mille matelots, portent aux extrémités du Monde les produits de son infatigable industrie. La force de ses machines équivaut au travail de trois millions d'hommes, et la population s'en trouve ainsi miraculeusement augmentée.

21

La France ne suit pas avec moins d'ardeur cette heureuse tendance ; mais son
étendue plus considérable ne lui a pas encore permis de multiplier aussi rapidement ses communications. Toutefois, elle
se glorifie d'avoir donné à l'Europe les
premiers modèles des routes hydrauliques,
monumens du génie de deux grands princes, Henri IV, qui fit creuser le canal de
Briare, et Louis XIV, celui du Languedoc.
On remarque dans l'examen des principaux produits de l'industrie française,
une foule d'améliorations capables de ba-
lancer les efforts sans cesse renaissans de
son éternelle rivale. Nos fabriques de soie
ont acquis des développemens immenses ;
le dessin a embelli leurs étoffes des com-
binaisons les plus gracieuses ; on a découvert pour elles de nouvelles couleurs.
La Turquie a perdu le secret du rouge
d'Andrinople; l'Italie n'a plus le monopole des tulles et des crêpes. Tarare, qui
n'était qu'un village, en 1815, occupe
aujourd'hui plusieurs milliers d'ouvriers.
Grâce au zèle et au patriotisme d'un de
nos plus illustres fabricans, les chèvres

du Thibet ont déserté leurs montagnes, et les schalls de Cachemire sont devenus des marchandises françaises. La filature des laines a fait des progrès remarquables ; les fabriques de draps se sont multipliées, et bientôt, sans doute, les habitans de nos campagnes jouiront, à très-bas prix, de ces étoffes salutaires également commodes dans toutes les saisons.

Le blanchîment et la teinture des toiles ne sont pas restés en arrière du mouvement qui s'est manifesté dans la fabrication des soieries et des laines : il suffit de citer, pour nous en convaincre, les grands travaux des Berthollet, des Chaptal et de tant d'heureux savans dont chaque découverte fut un bienfait pour les arts et un titre à la reconnaissance nationale. Par eux ont été renouvelés tous les procédés de l'économie agricole et de l'industrie manufacturière ; la fabrication de la soude, celle de la poterie, qu'un auteur ingénieux appelle la porcelaine des pauvres, la fonte du fer, la préparation de l'acier ont reçu de améliorations importantes ; le platine est devenu malléable ; les glaces, si rares et si mesquines en Angleterre, ont pénétré même dans nos villages. Il n'est pas jusqu'aux ossemens abandonnés des animaux qui ne fournissent un nouvel aliment à l'indigence (1), et à l'industrie, de précieux réactifs. Nous ne sommes plus tributaires de l'Allemagne pour la quincaillerie; les fabriques de scies, de faulx et et de limes se sont entièrement acclimatées en France. La chimie a réuni tous les corps dans son domaine; armée du flambeau de l'analyse, elle a fait justice des vieilles routines, et condamné à un éternel oubli ces formules grossières ou surannées, qui avaient rendu long-tems les arts si difficiles et la médecine si ténébreuse. La mécanique, en multipliant et en perfectionnant les machines à filer le coton, assure du travail à près de six cent mille individus de tout âge et de tout sexe, dont un tiers au moins se compose d'enfans habitués de bonne heure à l'activité, et par conséquent moins exposés à tous

---

(1) La gélatine.

les vices qui accompagnent le désœuvrement.

C'est ainsi que les diverses branches du commerce et de l'industrie, en procurant de l'aisance et des occupations aux classes peu fortunées, sont devenues les plus sûrs auxiliaires de la morale. Lorsque par un système de canalisation et de voirie publique bien entendu, tous les produits des manufactures françaises auront trouvé des débouchés plus nombreux et plus faciles, les forges du Jura, les mines de charbon des départemens du nord et du centre acquerront une influence considérable sur la fortune publique : Saint-Étienne deviendra le Birmingham de la France; Saint-Quentin et Valenciennes atteindront au dégré de splendeur où se sont élevées les cités anglaises de Manchester et de Glasgow.

Dans quelles circonstances plus favorables pourrions-nous former ces vœux pour la prospérité de la patrie? Un monde nouveau se présente à nos regards, privé de toutes les jouissances intellectuelles et

21.

physiques de la civilisation moderne, demandant à grands cris les produits et les lumières de l'Europe. L'Angleterre, sans doute, ne la représentera pas toute seule ; et personne, que je sache, en France, ne voudra signer une telle procuration. Nous ne pouvons donc manquer de paraître bientôt sur les marchés de l'Amérique : depuis la Californie jusqu'au cap Horn, depuis les terres Magellaniques jusqu'à la mer des Antilles, plus de trois mille lieues de côtes attendent nos vaisseaux. La reconnaissance récente de l'indépendance d'Haïti est un événement immense dans l'histoire de notre commerce. Au Chili, au Pérou, à Buénos-Ayres, au Mexique, on sait le prix de notre langue ; elle a plus de rapports que l'anglais avec l'harmonieuse élégance du dialecte espagnol ; notre littérature y est plus généralement goûtée : Fénélon fera fortune sur le sol où Las Case a vécu. Et déjà, la librairie française a fait dans ces contrées des expéditions considérables ; nos historiens, nos poètes, nos savans sont appelés à instruire ce monde encore tout jeune, que l'Espagne voulait attacher, comme un coupable, à sa décrépitude (1).

La paix devient de jour en jour une nécessité des nations industrielles, et l'on commence à s'apercevoir que les vautours seuls ont quelque chose à gagner à la guerre. Cette idée fait naître l'espoir d'un avenir plus prospère et celui d'un rapprochement de tous les hommes et de toutes les parties de la terre qu'ils habitent. Quand ils seront une fois bien pénétrés de ces principes, l'indolence et la servilité n'obtiendront que le mépris universel; on ne prêtera plus rien aux peuples paresseux, parce qu'eux seuls ont toujours fait banqueroute, et que la banqueroute est un symptôme de la mort des nations comme de la ruine des particuliers. Aussi voit-on que les populations les plus laborieuses sont les plus honorables, les mieux nourries, les mieux vêtues, les mieux gouvernées et

---

(1) Ces considérations, et quelques unes de celles qui suivent, sont extraites d'un discours prononcé par l'auteur, en juillet 1825.

par conséquent les plus paisibles : car le
commerce et l'industrie sont amis des
lumières, et c'est par elles que se sou-
tiennent la dignité des hommes et le respect qu'on a pour leurs droits.

Combien ces vérités sont généralement
senties dans l'amérique du Nord et dans
la Grande-Bretagne ! Cette dernière puissance vient de s'attacher, par des traités
de commerce, le Danemarck, le Hanovre
et les villes anséatiques ; l'indépendance de
l'Empire du Brésil a été reconnue sous
sa puissante médiation. Ses traités séparés
avec le Mexique, Buénos-Ayres et la Colombie, ont sanctionné le démembrement
des anciennes colonies espagnoles dans
l'Amérique du Sud. Elle a affranchi le
port de Corfou, et peut-être elle songe
à se laver de l'opprobre de la vente de
Parga, en paralysant l'odieuse influence
de l'escadre autrichienne sur l'extermina-
tion des Grecs. Elle suspend des ponts
de fer au-dessus de l'embouchure de ses
plus larges rivières, et dans Londres, c'est
la Tamise qu'elle essaie de suspendre au-

dessus d'une double galerie en briques,
longue de quinze cents mètres, y compris
les approches.

Aux États-Unis d'Amérique, l'impulsion donnée au commerce et à l'industrie
n'est pas moins rapide. Un canal de cent
trente lieues de long exécuté en moins de
huit ans, réunit le lac Érié à la rivière
d'Hudson par quatre-vingt-une écluses
sur cinq cent soixante-quatre pieds de
pente, et l'on songe à faire descendre
par le Mississipi les eaux des lacs du Nord
qui avoisinent la frontière du Canada.
Des villages, encore misérables en 1815,
se sont transformés en cités opulentes.
New-York reçoit dans son immense baie
les navires de toutes les parties du monde;
et le gouvernement américain envoie une
escadre dans la Méditerranée, aux portes
de l'Hellespont, pour demander fière-
ment l'entrée de la mer Noire à ces mêmes
Turcs que les puissances de l'Europe
apellent des amis, et l'humanité, des bour-
reaux.

La France a conçu le juste espoir de
voir son commerce s'étendre et s'amélio-

rer encore par les heureux effets de ses institutions nouvelles. La génération actuelle est étrangère aux passions et aux préjugés de celle qui la quitte : nous n'avons pas suspendu nos armes et nos lyres aux saules qui bordent les fleuves de Babylone, et nous ne soupirons plus après ces jours de gloire sanglante qui faisaient tomber nos aînés, et perdre à chaque année son printems. Nous sommes fiers de leur bravoure et de leur sang prodigué pour la patrie sous des noms désormais historiques : mais c'est la paix qu'il nous faut, une paix favorable au travail, à la production, aux douces relations de la famille. Si quelque jour le salut de l'état l'ordonnait..... Minerve est douce, mais sa lance est terrible.

FIN.

TABLE

ALPHABÉTIQUE DES MATIÈRES.

⤳ ☾ ⤶

F I N.

www.ingramcontent.com/pod-product-compliance
Lightning Source LLC
Chambersburg PA
CBHW070246200326
41518CB00010B/1705